● 国家自然科学基金(71302007)
● 上海市学校艺术科研项目(HJYS-2017-C02)

CONCERTO IN PERFECT HARMONY: THE INNOVATION CAPABILITY OF STATE-OWNED-ENTERPRISES AND GOVERNMENTAL SUPPORTS

相得益彰的协奏：国有企业创新能力提升与政府创新支持

陈磊 陈玮婷◎著

经济管理出版社
ECONOMY & MANAGEMENT PUBLISHING HOUSE

图书在版编目（CIP）数据

相得益彰的协奏：国有企业创新能力提升与政府创新支持/陈磊，陈玮婷著．—北京：经济管理出版社，2018.6

ISBN 978－7－5096－5821－5

Ⅰ.①相… Ⅱ.①陈… ②陈… Ⅲ.①国有企业—企业创新—研究—中国 ②国家行政机关—行政管理—研究—中国 Ⅳ.①F279.241 ②D630.1

中国版本图书馆 CIP 数据核字(2018)第 109014 号

组稿编辑：陈　力
责任编辑：陈　力　周晓东
责任印制：黄章平
责任校对：王淑卿

出版发行：经济管理出版社
（北京市海淀区北蜂窝 8 号中雅大厦 A 座 11 层　100038）
网　　址：www.E－mp.com.cn
电　　话：（010）51915602
印　　刷：北京玺诚印务有限公司
经　　销：新华书店
开　　本：720mm×1000mm/16
印　　张：10.25
字　　数：112 千字
版　　次：2018 年 6 月第 1 版　　2018 年 6 月第 1 次印刷
书　　号：ISBN 978－7－5096－5821－5
定　　价：58.00 元

前言

随着我国社会经济不断发展和进步，国有企业的社会角色和其所承担的义务也需要与时俱进。从国家层面来看，早在2013年，“创新驱动发展战略”就已经被确定为国家的基本国策，在“十三五”期间更是提升为国家的五大发展理念之一。国有企业尤其是大型国有企业，“创新”成了发展改革的主流方向。然而，许多大型国有企业抱着固有的计划经济和体制化管理理念，难以融入创新发展的大趋势中，更有一些在中华人民共和国成立初期立下过“汗马功劳”的大型国有企业黯然退出历史舞台。大型国有企业对于我国经济社会的发展仍然有相当重要的作用，许多重要的社会责任还需依仗大型国有企业承担。因此，推动大型国有企业创新改革是各级政府义不容辞的责任和义务，对于大型国有企业自身来说，发展创新能力也是谋求企业生存与发展的重要途径。

事实上，国有企业并非缺乏创新的意愿，只是由于体制、制度、历史等原因制约了国有企业内部创新能力的建设。不仅如此，由于体制的差异，国有企业往往无法复制外企、私企等内部创新激励模式。可见，国有企业内部创新改革面临着重重压力和阻碍。本书针对我国国有企业创新能力建设低效的问题着重解析了问题的根本成因和机制，并结合政府创新支持举措探讨了从政府层面改善国有企业创新环境、强化创新支持手段等方法，从而为国有企业创新发展探索出一条明确可行的道路，使国有企业能够更好地在我国经济建设中发挥作用，服务社会。

为了深入解析国有企业创新能力形成机制与政府创新支持的关系，本书从学术理论探讨入手，分析关于企业创新能力（Innovation Capability）和政府创新支持（Innovation Support）的理论背景及发展历程。再通过多个案例的分析归纳出政府实际创新支持与企业真正需求之间的差异，并从理论层面寻求解决方案。因此，与同类书籍相比，本书共有三个鲜明的特点：第一，聚焦理论。本书梳理了公共管理、社会资源分配、企业管理等领域与创新相关的理论，以学术理论为出发点分析现状、解释问题、提出方案。第二，结合实际。本书以案例研究的方法不仅对创新能力落后的企业深入挖掘其制约因素，更对创新能力强的企业进行了分析。通过对两种企业创新路径和创新形成机制的对比，总结出可供借鉴的经验和教训。第三，提出具体建议。一般的创新研究基本聚焦于宏观层面的理论和方法，虽有一定的指导意义，但对企业和基层政府来说参考价值有限。本书着眼于单个企业和组织，从宏观层面探讨了创新环境所需要的政策条件，提出了具体细化的实际操作方法，更贴近于企业和组织，可操作性更强，借鉴意义更大。

目录

第一章　导论

第一节　国有企业创新的意义

一、企业创新能力与国家经济

国有企业的创新和改革长期以来一直是一个备受关注的问题，直接关系国有企业的生存与发展，更牵动了国家经济的走向与社会的安定团结。从国家层面来看，早在 2013 年，“创新驱动发展战略”就已经被确定为国家的基本国策，在“十三五”期间更是提升至国家的五大发展理念之一。在国家和各级政府的大力扶持下，一批又一批的新兴产业不断崛起，从互联网金融到高端制造业、从生物科技到高端制药。最近风风火火的共享经济，公共自行车租赁等更是政策开放后产生的必然红利。然而，在这些走在时代前沿的企业中却无法寻觅到国有企业的身影，这不禁让人对国有企业的创新制度产生了质疑，更对国有企业的垄断及不思进取产生了厌恶感。

创新能力是现代企业发展不可或缺的重要组成部分。企业的创新能力不仅体现在新产品的设计和开发上，更是融入各个环节中，如新的管理理念和方法、更高效更合理的物流规划、新的市场推广手段和渠道、灵活的内部绩效考核方法、便捷的财务体系等。创新已经成了社会发展和企业进步的大趋势，综观世界范围内的成功企业，以《财富》500 强为例，无不投入大量人力、物力用于开发企业自身创新能力上。即使是传统行业也在不遗余力地各处寻求创新与突破，如房地产行业，美国的房利美（Fannie Mae）公司针对住宅市场提供金融服务，在金融风险管控和金融产品推广上大胆创新，受到客户和同行的广泛好评，房利美开发的极具创新的风险管理模式也被其他企业纷纷效仿。再如能源行业中的意大利国家电力公司（ENEL）不仅大力发展风能、太阳能等清洁能源，更大力推广全球减排协议，成为新能源产业的先锋企业。

在 500 强企业中，这样具有创新精神的老牌企业比比皆是，数不胜数。而实际上，创新不仅存在于 500 强这样的大型企业中，对于中小企业和初创企业来说，创新更重要，是企业发展的突破口。特斯拉（Tesla）电力汽车成立不到10年，仅凭两三个车型就占领了全球汽车市场，成为备受追捧的新一代汽车。中国的小米、一加等移动终端企业也凭借其创新能力在短短几年内成为苹果、三星等老牌巨头强有力的竞争者。优步（Uber）、爱彼迎（Airbnb）、饿了么、摩拜单车等企业更是横空出世，改变了许多人的生活方式。

对于国有企业来说创新发展是很大的挑战。传统的国有企业因为其垄断地位和计划经济的分配，不需要迎合市场需求。从实际情况来看，许多大型国有企业由于垄断地位酿成了企业内部不思进取，最后也只能草草收场，以倒闭的方式谢幕。还有一些国有企业实际经营的业务已经接近于零，只能暂时依靠土地租赁或合资等维系生存。而反观成功的国有企业和中央企业，如中国铁路工程总公司（China Railway Engineering）、中国中化集团公司（Sinochem Group）、中国兵器工业集团公司（China North Industries Group）等大型企业，无不在创新上狠下苦功，通过产品、渠道、管理、投资创新等手段跻身世界500强企业行列。可见，国有企业如果不创新，则未来必定毫无出路。然而，国有企业尤其是大型国有企业其创新的路径与一般企业有很大的不同。现有的以西方为主导的创新方式和理论在大型国有企业中实施还有许多壁垒。因此，研究适合我国大型国有企业的创新途径刻不容缓。

二、创新支持的重要性

创新支持对企业创新能力发展具有十分重要的意义。理论意义着眼于丰富国有企业管理和创意创新领域的文献，通过研究的实施得到有价值的理论结果，从而为国有企业创新能力提升提供有力的参考。实践意义着眼于提出有效、可行的行动指导方案，并通过案例和实证研究给出客观的结果。也为其他国有企业提供实践参考。

本书的理论重要性体现在以国有企业为研究对象，对其内部进行创新机制分解和评估，从内部创新的实施层面和企业的领导层面找出影响（激励和阻碍）国有企业内部创新的主要因素。通过对这些因素的整理和归类，再用案例研究的方法，分析了国有企业创新能力与政府创新支持之间的关系，进而提出了提升企业创新能力和加强政府创新支持有效性的建议。

本书的另一个理论意义在于将现有的笼统创新激励方法分类，并区分出适用于国有企业体制的创新激励方法，避免了对企业创新混为一谈、等量齐观的情况。这样不但可以对国有企业创新能力进行客观和公正的评价，更有利于按照体制对创新目的和创新方法进行区别对待。这样可以避免谈及国有企业创新发展时所带有的武断和歧视。

本书的实践意义在于着眼于国有企业内部机制的改变，从而切切实实提升国有企业的创新能力，而非通过外部的政策偏向、资金补助等手段获得短时的创新能力刺激。另一个实践意义在于厘清了国有企业内部的创新因素，进而可以提出切实可行的方案。此方案以机场集团为研究对象，进行实验和尝试。因此，可以为其他国有企业创新提供真实的案例分析结果，也使方案结果更具有适用性和说服力。

此外，本书还有利于建立人们对国有企业正确的认知，摆脱依靠“垄断”获取利益的偏见。这不仅有利于推动国有企业体制改革，还能探索出国有企业体制的特色和面对新一轮经济发展所体现出的优越性。相信在未来国家经济发展的浪潮中，国有企业依旧会成为经济增长有力的引擎，同时也能担当服务社会、回馈社会的责任。

第二节 国有企业创新支持的重要概念

一、企业创新能力

国内的企业创新能力研究可以追溯到改革开放初期。当时对企业创新能力的定义主要集中于产品研究和创新上（侯传绪，

1990），技术创新是当时的主要议题（叶明，1988）。当时的企业创新能力可以总结为四个方面：①工艺创新；②设备创新；③产品技术创新；④降耗技术创新（李林，1989）。从供应链的角度来看，早期的创新集中在供应链的上游，以原料和生成的创新为主要目标。随着社会的发展和改革开放的深入，对企业创新能力的认识也更进了一步。20 世纪 90 年代的研究主要着眼于对制度、绩效、人力资源等软实力的创新能力开发（杨宏进，1998；孟庆伟、安会茹，2000；甄峰、黄朝永等，2000）。同时，大多数企业也逐渐开始意识到创新能力并不单纯指新产品的开发和技术的创新，创新存在于企业管理和运营的各个层面。现有的企业创新能力研究，更是有了全局性的认识和理解，创新不仅融入企业日常运营，更与战略发展紧密结合（王宝毅、张宝生，2006；张军，2009），近期的研究更是指出创新能力是企业的核心能力，是市场竞争下比拼的企业综合实力（张光明、徐飞，2017）。随着企业创新能力重要性的不断增加，对于创新能力的激励和培养的研究也越来越多，也从传统的人力资源角度分析逐渐演变为创新环境营造和创新制度改善。

国外关于创新研究一般可以分为两类：一类是对于企业创造力（Creativity）的研究，另一类是对于革新能力（Innovation）的研究。企业创造力研究主要以中小企业居多，比如经典的组织创新理论（Theory of Organizational Creativity）（Woodman et al.，1993）和员工创新因素模型（Oldham and Cummings，1996）等。

这类研究强调创造力对于企业的重要性，鼓励新的想法和思维，并鼓励企业增加对创新的风险承受度。这些研究结果被大量用于创造能力集中的行业，比如设计业、广告业、影视业、科技产业等。对革新能力的研究主要强调改良的重要性，相比强调从无到有的突破，改良类型的研究更侧重于学习、纠错、优化及通过新技术应用提高效率（Moore and Benbasat，1991；Lundvall，1992）。虽然两种研究侧重点不同，但结果并不矛盾，各有针对性，也被不同行业所采纳。

本书关于企业创新能力的定义是在参考了以上文献的基础上给定的。企业的创新能力是指企业从产品原料到售后服务的整体的创造和改良行动力，同时又包含企业对创造和改良风险的承受能力。企业的创新能力归纳为四个方面：第一，产品及工艺流程创新。这种创新能力指的是以产品生产为核心的原料、工艺、质量、产品功能的技术创新。第二，营销创新。指的是品牌推广、市场营销，销售渠道和客户关系等创新的手段。第三，关系创新。指的是企业与上下游企业合作关系及银行、科研机构、职能部门等合作关系的改良手段。关系创新不仅包含了企业对外的关系能力，也包括了企业内部各部门、各团队之间的协作能力和组织内部的管理能力。第四，创新环境培育。指的是组织内部对创新的激励和培育以及对内部创新转化的能力。

二、政府创新支持

现有的政府支持理论其实尚不完善，国内的研究主要集中于采用政策导向激励企业创新能力发展（严北战，2003；余泳泽，2011）。虽然这类研究在政策层面提出了很好的指导意见，但是在实施过程中往往简单化操作，最后只能通过项目申报、备案等方法将用于具体创新支持的经费直接或间接发放给了企业。尤其在偏远地区，创新发展往往沦为企业向政府索要扶持的手段（龙静、黄勋敬等，2012），而政府机构也缺少对创新实施和结果管理能力。相对而言，国有企业的政府创新支持研究更为深入，值得借鉴，如 Mohnen 提出的互补支持理论就建议政府通过激励和约束两种政策的调节从而控制企业创新的投入总量和风险（Mohnen and Röller，2005）。这样的研究对当下的中国创新发展尤其有借鉴意义，以“共享经济”为例，当打车软件风行时，资本技术大量涌入，企业之间恶性竞争，“网约车”一度成了免费车。这样毫无节制、毫无约束的创新投入现在看来令人惶恐不安。有学者提出采用公共采购的方法降低企业创新风险，同时也能更好地分享创新成果，避免企业铸造技术壁垒（Edquist and Zabala－Iturriagagoitia，2012）。

国内外现有的企业创新研究有着十分重要的价值，然而在这些研究中针对大型国有企业特质的并不多见。可以看出这些研究是建立在市场经济基础上的，以企业获取竞争优势为导向，以追求盈利为驱动力。然而对于许多大型国有企业来说，提供公共服务、承担社会责任比追求盈利更重要。因此，研究国有企业创新能力和针对国有企业的创新支持需要有三个基础视角：第一，研究针对国有企业创新能力发展的支持。这种支持包括直接和间接的资金支持、政策偏向、知识分享等方面。第二，非盈利目的。国有企业运营的重要职责是承担着社会责任。这部分的运营虽然不能带来庞大的经济收益，但也需要创新发展来提升社会服务的效率，为公众提供更好的服务。第三，创新的监管和结果的评估。创新政策在实施过程中的监管和后期效果的评估是现阶段政府创新支持的不足之处，急需弥补完善。

三、大型国有企业创新能力现状

国有企业对于我国经济发展而言可谓举足轻重，改革开放以来，国有企业一直是我国经济的中流砥柱。每一次经济的转型都伴随着国有企业的兴衰沉浮，许多主要的经济政策、发展规划也是针对国有企业发展而制定的。从 GDP 来看，国有企业在我国经济发展中的地位是十分重要的。

然而国有企业有其发展的壁垒和经营的限制。从行业角度来看，国有企业主要集中在能源、军工、交通设施、基础建设、化工、原材料等支持性行业。由于历史原因，这些行业一般不对民营或者外资企业开放，使国有企业在一定范围内处于垄断地位，基本不存在竞争对手。从经营覆盖地域来看，国有企业有着十分明确的经营地域限制，一般不存在跨地域经营或同质竞争。

可见，这些特性是由于国有企业在国家发展中发挥了保障支持的作用，是国家经济运行的最后底线。而正是由于这样的预设定，使国有企业更注重维持现状和追求稳定，而对创新能力建设采取置之不理和自生自灭的态度。

虽然大型国有企业在我国经济发展中扮演着重要角色，然而其总体的创新能力不容乐观。虽然我国一些大型国有企业如中石化等已经成为世界顶级的企业，企业也十分重视内部创新能力发展，然而其创新获取的主要方式仍然是依靠收购和兼并。有学者指出虽然这种方式可以让大型国有企业迅速获取创新成果并控制创新风险（张风华、方来坛，2009；文宗瑜，2015），然而，并购带来的创新也伴随着一定的弊端，如企业内部整合问题、技术外流等。长此以往企业的内部几乎丧失了创新的原动力，组织只能依靠收购、兼并、参股等手段获取创新，而不愿意投入创新。更有学者提出，许多国有企业通过跨境收购获取创新，然而这些创新能力难以融入国有企业内部，最终很难形成可持续的创新发展动力。可以说，依靠收购获取创新并不是持之有效的好方法。实际上，收购方式逐渐成为我国大型国有企业创新能力获取的唯一渠道，那些可以通过收购增强创新能力的企业依旧表现出一定的市场活力，而反观那些不参与创新并购的大型国有企业几乎被市场淘汰，这也从一个侧面反映出创新能力与企业表现的关系。

国有企业的内部创新并不是一个新鲜的课题，事实上，针对我国国有企业的改革创新的文献探究很早就受到了重视。在商业界、学术界和政治界针对国有企业的创新改革一直都是核心问题。国有企业的发展影响着产业结构、国民经济和国家政策，对我国综合国力也有着至关重要的影响。在学术界，主要的核心期刊如《管理学报》《经济学》《南开管理评论》《情报杂志》等多次刊登有关国有企业创新发展的文章，不少刊物更是做过国有企业创新探索的主题增刊。各种关于国有企业的讨论会议更是数不胜数。一些顶尖的国外学术刊物也时有关于我国国有企业的研究发表。可见国有企业是一个广受关注的企业，不仅在中国是个值得研究的课题，在世界范围也是值得借鉴和参考的发展模式。对于国有企业的创新，现有的研究基本可以分为以下三种类型：

第一类是技术创新。这类创新主要指的是用于改进产品质量或者提升生产能力的技术革新。根据 Alves、Marques 等在 2007 年对创新的分类，技术创新是企业内部提升创新能力的重要表现。Cavusgil、Calantone 等在 2003 年也提出技术创新有隐性和显性的区分，并用回归模型证明了技术创新对企业的创新表现有显著的作用。这些技术创新能力主要体现在新技术（产品）研发、质量提升、产量增加、新设计等方面。

第二类是管理流程创新。这类创新的核心内容是通过改进和优化管理流程提高资源的利用率，从而实现绩效的提升。管理流程创新的主要理论依据是 Adner 和 Levinthal 于 2001 年所写论文指出的流程创新（Process Innovation）。虽然该论文被一些学者认为将“供应侧”与“需求侧”对立分析的方法过于二元化，然而这种流程创新在国有企业背景中十分适用。至今国有企业的重要角色就是为保障社会生产能力，为社会长期稳定地提供某类产品或者服务。

第三类是制度创新。这种创新能力主要借鉴组织行为中对内部改变的研究，Crossan 和 Apaydin（2010）对这些研究进行了梳理。根据国有企业的现状，现在广泛意义上的国有企业制度创新已经在 Crossan 的基础上结合了中国国有企业所有制和体制的特定约束，将内部制度创新能力锁定在组织结构创新（包括人力资源）、沟通创新、战略创新和组织学习能力（Organizational Learning）创新上。

根据现有的文献，本书主要目的是改进国有企业内部创新能力。因此文献研究主要框定在四个范围内进行：第一，国有企业体制及其特性。第二，国有企业的创新能力。第三，政府的创新支持方法。第四，国有企业与政府的创新协作体系。

四、政府对国有企业创新支持的方式和手段

在我国，政府作为创新支持的主导经验并不丰富。一般可以认为从“十二五”期间政府开始认识到创新能力对经济发展的意义，并在此期间开始鼓励企业创新发展。现有的政府参与创新支持的文献也只能追溯到 20 世纪初期。由于我国并没有采取完全开放的市场经济体制，现有的政府创新支持文献主要集中于创新

政策的研究（龙静、黄勋敬等，2012；张光明、徐飞，2017），这些研究将具体的创新支持手段全部归纳在政策层面进行分析。我国自上而下的政治体制有着非常高效的执行力度，因此，政府对创新的支持通常也表现出非常强的目的性。虽然在执行阶段可能出现偏离原先目的的情况，但是从创新支持手段来看依然有着鲜明的导向性质。参考现有的文献发现，我国现有的政府支持手段主要有以下几种：

第一，土地用途规划。这类支持手段最典型的就是科技园开发与规划（徐顽强、刘毅，2005），其主要目的是通过土地用途的规定从而形成产业集群，再通过企业之间相互竞争与合作激发企业创新能力。这种方法的优点在于政府只需要控制土地就可以创造出创新的环境，这种方式方便政府管理。如上海的张江高科技园区、金桥出口开发区等都是采用了这样的方式，也获取了一定的成功。然而，这种方式的缺点也是显而易见的，如非常容易造成同行业企业的聚集从而产生恶性竞争；政府除了土地用途以外对园区企业控制和管理手段十分有限等。此外，由于园区规划很少有前瞻性，为了吸引企业入驻，地方政府通常会与企业签订长期的合约，随着城市的扩张，政府后期往往处于被动的地位。如上海的金桥出口加工区，在20世纪90年代初期属于郊区地段，非常适合引进外企来发展制造业。然而今天看来，金桥地区已经成为上海中心地带，土地价格直逼市区中心地段，并且今天依然盘踞着大量日用品制造业。由于有些企业与金桥政府当初签订了为期40年的合约，造成了现今政府很难再对金桥地区重新规划使用。土地用途规划这种方式并不适合用于大型国有企业创新激励，因为大型国有企业的土地资源一般比较充裕，也容易与高层政府部门直接沟通获取更多的土地资源。

第二，资金扶持。这类手段是我国政府采用最多的手段，方式也各种各样（Woodman et al.，1993；Cavusgil et al.，2003；史本叶、李俊江，2010），如研究项目、资金补贴、低息贷款、税率减免等。后续章节会深入分析资金扶持对国有企业创新能力的影响。

第三，政策偏向。这类政策偏向并不包含先前的资金扶持，主要是指通过行政手段制造贸易壁垒从而有意保护或者帮助某些企业获得市场利益。需要指出的是，这种政策偏向在全世界范围内广泛存在，是商业社会的常态（Cunningham，2013）。我国的汽车制造、医药、新能源等行业中经常会有政府的政策偏向。

本章小结

本章主要介绍了我国国有企业创新所面临的创新形势，并梳理了创新支持所涉及的理论概念。对于我国整体经济发展来说，一方面，国有企业承担着相当重要的责任，是国家经济发展的主要动力之一；另一方面，国有企业现有的创新能力不容乐观。企业对创新的认识、对创新的管理能力更加揭露了企业后期发展所面临的种种危机。

本章也提及了政府作为国有企业的直辖领导机构，应该针对国有企业创新能力薄弱的特点设计相应的对策和方案。国有企业创新能力受限，很大一部分原因是其所有制造成的。本章对政府现有的创新支持手段进行了分析，本书由此切入，深入聚焦于政府创新支持有效性与国有企业创新能力之间的关系。本书首先梳理了政府创新支持理论和实施框架，还进一步指出大型国有企业在创新发展中所遇到的各种壁垒及机遇，如组织架构约束、承担社会责任、政策扶持等。其次通过公共管理等领域的理论对现有创新支持方法的有效性进行了评估。又通过横向比较的方法，参考了其他发达国家国有企业的创新管理模式和政府支持方法，从中提炼出值得参考的经验和教训。本书还以上海市政府和上海机场集团为研究对象，展开了深入的案例研究，从实际层面给出了政府支持国有企业创新能力建设的有效方法。最后整理了大型国有企业在创新发展上所遇到的瓶颈和问题，并针对政府支持国有企业创新发展提出了具体的有参考价值的建议。本书希望能够为国有企业的创新发展建设提供有益的参考，更为政府与大型国有企业的合作与相互支持提供有益的理论依据。

第二章　政府创新支持的理论

我国政府创新支持的研究开展较晚，这些研究一般集中于比较宏观的层面，如政治经济学、公共政策、宏观经济等领域（甄峰、黄朝永等，2000；龙静、黄勋敬等，2012；陈劲，2015）。因此，其理论基础也是宏观经济中经典的供求理论。这些研究虽然有非常好的政策参考意义，然而其具体的可操作性有待提高。如一些政策很难落实到具体的操作层面，因此，自“十三五”确立了创新发展路径以来，各级政府虽然提供许多创新支持，但手段是非常单一的，基本上以资金补贴为出发点。政府机构对企业创新，尤其是国有企业的创新发展找不到有力的抓手。政府对创新支持是典型的公共管理范畴问题，应当从该领域寻找基础理论的支撑点，虽然这些理论并不完全适合我国国情或者我国国有企业的现状，但依然具有参考价值，同时也便于后期对其逐步修正使其适合我国国有企业创新能力建设。

关于政府创新支持的理论覆盖面比较广，可以参考的理论依据也比较多。比如，经典经济学供求理论、行为经济学的前景理论（Prospect Theory）、组织行为学的交换理论等，这些都可以作为构建政府创新支持的理论基础。然而无论是经济学、组织行为学还是管理学的理论，聚焦的范围都相对狭窄，企业主要目标非常明确，那就是追求利益。然而，考虑到大型国有企业在社会中扮演的角色和承担的责任，用这种逐利思维建设理论基础并不妥当。讨论我国大型国有企业创新能力需要从一个更加宏观的角度出发，充分考虑到创新责任和风险，仔细斟酌创新成果对社会带来的影响和作用。绝不能以一味地追求企业利益作为指导思想，更不能纵容大型国有企业利用种种优势发展创新，最后将成果占为己有，独自享受创新带来的经济利益。因此，本书更侧重于从宏观的公共管理角度出发，以公共管理领域内的理论为基础，分析问题、解释现象、构建关于政府对大型国有企业创新支持的知识框架。

公共管理理论更适用于国有企业创新的分析研究。首先，公共管理理论中强调了不同公共事务参与者的角色和对整个公共事务的作用。这些角色相互之间不仅有合作、分工、管理等关系，更为深刻的意义是角色之间的竞争、协作、冲突等关系，使互相之间产生了约束。这种复杂的约束结果是推动了公共事务的发展。其次，公共管理理论中更突出社会整体的利益。与商业管理不同，商业管理着眼于某个组织的利益，而公共管理的目标是社会整体的进步。这种逻辑非常适用于大型国有企业与政府的研究，尤其在我国，大型国有企业承担着相当一部分社会责任，其创新的核心意义在于整个社会从中获得了进步，而绝非单一的企业收入。最后，公共管理理论更强调组织之间的协作，传统商业战略理论突出竞争的重要性，其目的是通过开放的市场比拼各自的产品和服务从而击败竞争对手。相对而言，公共管理理论更侧重于组织与组织之间的协同合作，比如企业与竞争对手、企业与上下游合作伙伴、企业与政府等。公共管理理论期望通过协作机制达到共同进步的目的。可见考虑到本书中主要研究的就是政府与国有企业之间的协作，选用公共管理理论更有利于深入挖掘创新支持领域内的实质内容。因此，本章就选定公共管理理论作为政府对企业创新支持的理论基础。

第一节　传统公共管理理论

对于公共管理理论的分类方法有许多，有根据主体分的，有根据具体事务分的，也有根据理论形成年代分的。一般常把公共管理理论分为传统的理论派别和新理论派别体系。需要指出的是，通常传统理论被认为是过时的，而新理论会更适合时代的发展。这种“新的就一定比旧的好”是一种偏见，实际上一些传统的理论依旧十分有价值，我们的社会形态根本无法在短时间内离开这些理论的范畴。而追溯新公共管理理论的基础，往往也是经典理论的学派。本章主要结合政府的创新支持手段，回顾现有的公共管理理论。

一、韦伯"官僚制"理论

韦伯的"官僚制"理论（Bureaucracy Theory）的核心就是将社会分层，通过层级更有效地执行上层的意志。这种分层理论在全世界大部分国家被借鉴和参考（余丹丹，2006）。这套"官僚制"理论是在20世纪初期提出的，虽然轰动一时，但不得不承认，事实上人类社会对这种分层治理的形态已经完全不陌生（见图2－1）。

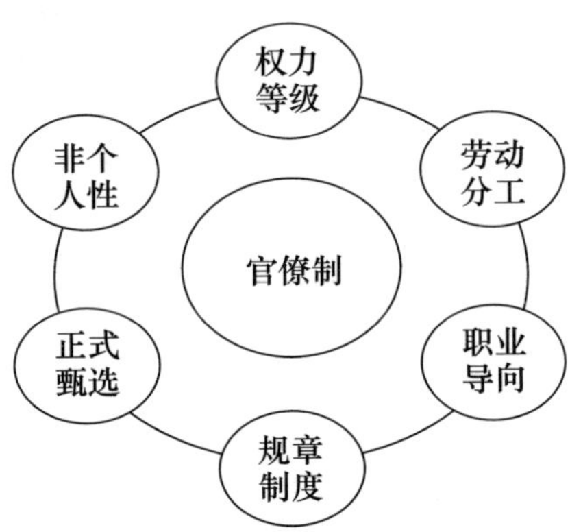

图2－1 官僚制的核心内容

资料来源：归纳自韦伯1924年的《合法权威和官僚主义》一书。

韦伯将层级治理体制中的一些重要环境设置进行了阐明，比如强调了合理分工、按照层级制定权利义务、合法化的人事制度等。现有的研究有许多对韦伯提出的具体方法和措施进行了深入研究并加以改善。这种理论的核心是减少社会资源的浪费，强化政策执行的效率。然而，这个理论并没有对上层政策制定加以限制，因此，许多人批评这种分层论是加强中央集权的手段，独裁者的利器。这种看法有一定的局限性，韦伯这种层级制度非常类似于我国“法家”的思想，通过法规和制度控制社会发展的方向，再通过细分的层级，避免组织内部产生不必要的矛盾。即使有矛盾产生，也通过上层的介入可以在最短时间内得到仲裁。理论虽然没有限制顶层的权力，但其主旨是减少个人情感在整个社会系统中的作用，取而代之的是更合理的社会结构主导社会发展。不针对顶层加以权力限制是有一定的理论假设的，那就是掌管权力的顶层期望组织更有效、更稳定地运行。我国古代的帝王往往是家天下概念，虽然高度集权，但对国家抱有良好的愿景，期望治理好国家。这种层级制度在特定的环境下有极强的作用，如迄今为止各国军队都是采取了层级制度；在成员较多的大家庭中，尤其是东方国家的家庭中呈现出明显的层级制度。各种懂法的礼仪、道德标准事实上也是服务于这种层级制度的。因此，许多学者对东方文化会用“儒表法里”来形容这种现象（邹永贤，2002）。这种层级制的本质是维护社会（家庭、军队）系统的高效运行。

我国的政府呈现出非常典型的层级制分明的架构。因此创新支持的投入与重视取决于政府高层对创新的认识和决定发展创新的决心。对国有企业的支持更是一种自上而下的推动，创新发展成功与否很大程度上取决于我国政府的态度。

二、泰勒科学管理理论

泰勒的科学管理理论是现代管理科学（Management Science）的奠基石。与韦伯的宏观视角形成非常鲜明的对比，泰勒聚焦于微观，注重每个流程的改进和优化。换言之，泰勒理论的追求在于优化，通过流程的改进，用更少的投入得到更多的产出（见图2－2）。

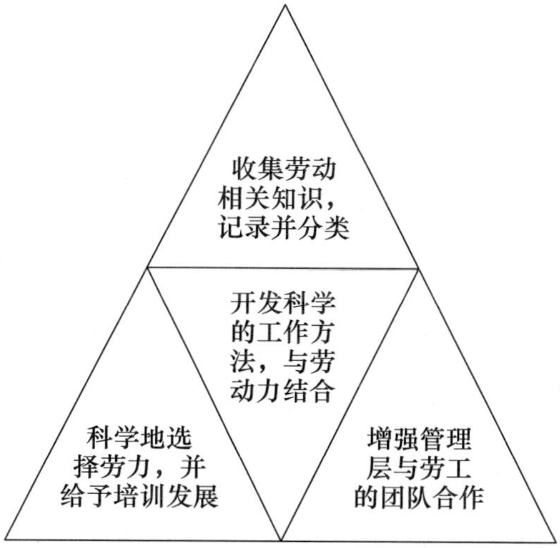

图2－2　科学管理的主要领域

资料来源：归纳自泰勒1911年的《科学管理的原则》一书。

科学管理理论聚焦于原材料的节省、单位工人产出的增加、改进技术，以少量激励换取更大产出，等等。虽然泰勒做的工人搬运生铁试验在现代看来意义不大，然而这种管理思想已经形成了体系，贯彻到了如今的各行各业中。比如，企业利用新媒体大幅降低推广成本，提升推广的效率（王苑丞、田萌，2016）；利用人工智能更合理、更迅速编排列车（郝建青、张仲义，1999）；开发开采新能源，降低能源成本（李景明、王红岩等，2008）。可见，泰勒的科学管理理论并没有终点，是随着科学技术的发展不断趋于更优化和更合理的过程。泰勒的理论更是催化出了运筹学、人工智能、数据分析预测等多门学科。这套理论的另一大优势在于有极强的应用价值，企业不仅可以通过优化提升效率，更可以在优化结果的基础上辨识出弱点和缺陷，从而对提升流程提供了明确的指导。经典的生产运筹问题就体现出这种优势，生产某产品需要原材料和机器，优化后如果机器不足可以增加机器提高产量，而当机器数量提升到一定程度时原材料则出现不足，再通过补充原材料提升产量。今天的大部分制造业都沿用了生产运筹问题的思想，只是资源的门类远远多于机器和原料两种。

泰勒的这套理论的核心是关注具体流程细节，通过改变原有做法或者引进新的技术，对现有流程加以改进，从而达到整体提高效率的目的。这种方法与现在我国的创新基础非常吻合。虽然经过多年的发展和积累，我国的技术和经济实力正慢慢接近和赶超世界强国，但是要实现革命性的、颠覆性创新仍然有一定难度。相反，根据现有的基础循序渐进、逐步改进的创新方法非常适合发展成我国的创新发展路径。通过这样不断累积和微小改进，未来实现大创新的可能性将大大增加。

然而这种理论也不是完美的，这种专注于流程的微小创新一般是自下而上的，政府在其中很难插手，发挥的作用非常有限。因此，为了鼓励和支持这样的改进性的创新，政府需要营造创新的环境，加强对创新失败的包容。

三、怀特的系统化行政理论

系统化行政理论最早由雷纳德·怀特在 1926 年出版的《公共管理理论》中提出。系统化行政理论与“官僚制”的理论有一定的相似之处，两种理论都强调用系统化的体制对社会资源进行有效管理。然而，怀特的系统化行政理论更偏向于通过职能的清晰划分，从而有效地对行政编制进行精简（教军章，1999）。此外，这种系统化的制度还深入探讨了外部环境和行政体制之间的关系。这种理论主张采用行政组织体制、行政责任与权力的分配、权责分配等措施和方法提升行政管理的运行效率。从整体思想来看，怀特的系统化行政理论的根本是对阶层理论的优化，而这种优化，并不是聚焦实际操作层面，更注重于组织层面的整体优化和系统化的制度优化。现代比较流行的扁平化管理体系就是典型的怀特系统化体系，通过组织中各职能部门互相协作从而有效地减少整个组织层级的数量，同时加强了职能的专业化推进。

这种方式将权力根据职能适度拆分，使专业化的职能部门拥有了一定的权力，分摊了由于简单的高层决定所带来的决策风险。怀特理论的另一个优势在于不仅对组织可以采取这样的方法，对生产资料等也同样有效。比如城市规划中，对某个区域进行功能划分和定位，大城市的蔬菜、淡水、电力等供给规划就是依据了怀特的系统理论基础。

在我国，这种理论经常被用来作为公务员团队编制、公务员制度改革、公务员的权利和义务划清等的理论依据。这种系统化的理论是一个循序渐进的过程，我国的公务员队伍也在这种理论的优化下越来越精简，公务员办事效率越来越高。

在政府创新支持方面，这种理论最直接的影响就是划分具体的职责。这种做法的优点就在于政府的各个部门，无论是地方层面还是中央高层，或是职能部门，都会有对于国有企业创新支持的管辖部门，以确保国有企业在启动创新项目时，与政府能够有比较好的衔接。但这样的政府部门设置也会存在一些弊端。比如政府部门中负责创新支持的这一部分团队的素质和品行，直接影响到对企业创新支持效率的高低。另外，由于这群人脱离政府日常工作事务，容易出现偏离政府预期，缺乏长远目标等情况。需要注意的是，怀特的系统理论，并不是一蹴而就的，需要通过长时间的打磨改进，从而提高政府部门的设置和效率。而我国的创新支持战略是“十三五”规划中才正式提出的，对政府来说尚缺经验这也不足为奇。因此现阶段的创新支持出现多种缺陷也是可以理解的。相反，我国政府在短短几年就对创新发展有如此深刻的认识实属不易，相信未来会越走越好。

四、传统理论存在的问题

传统理论是非常经典的理论，事实上这些理论大部分在现代社会仍有蓬勃的生机。虽然从今天的角度来看，传统理论还存在这样或那样的缺陷，但必须理解的是，传统理论的形成与信息传播效率紧密相关。

韦伯的“官僚制”理论的核心，是将社会分成多个层级，这种方法其本质是为了提升信息传播的效率，这样政府高层人员就可以在最短的时间内掌握社会的信息。泰勒的科学管理理论，更是信息传播效率的体现，泰勒的主张在于将信息传播到使用者，使用者据此决定具体改进方案，这就是他主张行政权力划分的根本出发点。可以看出这种主张的关键在于信息的效率和创新，而我们一般认为的公务员体制精简只是其表面现象，实际上是现在的信息传播效率可以支持精简的团队。试想如果没有电子信息技术的进步，怀特系统理论就只能在很小的程度上进行推进。

然而随着技术的发展，现今的信息传播效率大幅提高，简单套用某种经典理论，非常容易诱发这种理论负面效应。在创新支持方面尤其体现出这种现象，由国家主导的创新本身就是近几年才开始的，对于世界任何国家来说都是比较新奇的做法。单纯使用经典的某一种理论，实际执行时很难解释现有的许多现象，因此非常容易对某种理论产生质疑，然而从整体上来看，这种经典理论讨论了行政与经济整体的关系，是可以为创新，尤其是国家层面的创新起到一些指导作用。

第二节　新公共管理理论

与经典的公共管理理论相比，新公共管理理论主要引进了一些现代的商业化手段，如合约制、外包制、合作等。此外，对公共财物和资产也有了更严格的监管和审计，相比原来由人管理财务，进一步提升为由财务管理制度、审计制度等对公共财物进行的管理。另一个进步体现在强化了公众的角色，原来作为被管理者，在新公共管理理论中，许多情况下公众可以变为管理者的角色。因此，这种新公共管理理论也强调了自发的民间组织、非盈利性组织、公益组织等在社会中的作用。

一、公共选择理论

公共选择理论是新公共管理理论的核心理论，其重要的基础理论是微观经济学中人是理性的假设。对公共管理领域来说，这种理论是具有里程碑意义的，这个理论重新评估管理者和被管理者的角色。公共选择理论认为，行政机构的服务，核心在于社会，构建良好的社会体系才是政府公共服务的主要体现。而事实上，社会上的每一个人对社会都是有价值的，随着信息传播效率的提高，社会大众从原来的被管理者角色逐渐转变为管理者的角色（杨建顺，2003）。相对原先管理者必须通过中央集权的手段了解更多的信息，从而进行决策的模式而言，公共选择理论提供了公众对于公共事务选择的权利（见图2－3）。

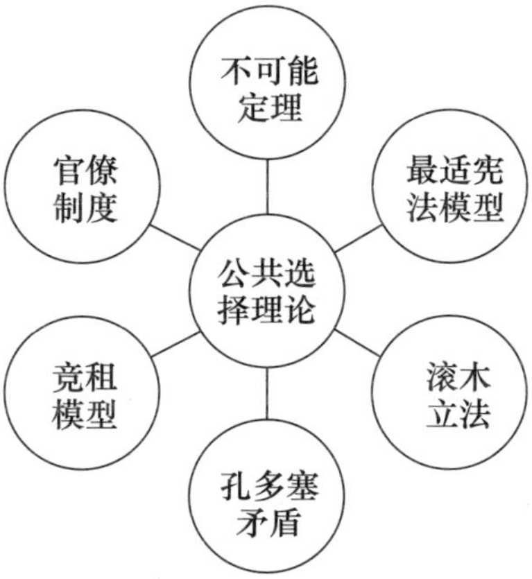

图2－3　公共选择理论的主要内容

资料来源：归纳自布坎南1971年的《公共选择》一书。

公共选择理论是近代相当受关注的理论，其理论本身已经超过了公共管理的范畴，而在更高的层面上有所体现。如在生物学中，单个蚂蚁的智力非常低下，而当蚂蚁聚集成蚁群后就能体现出超高的智力。这种通过单个决策的累积从而体现为整体智能的现象就是公共选择理论的体现。至今人们对蚁群、蜂群的协作智慧还无法完全解释清楚。现代的人工智能的一个重要方向就是模拟这种类似蚁群的单个决策机制从而达到整体的高智能。

从创新的角度来看，公共选择权利，它的核心在于强化了由下至上的管理制度。这种理论的假设是当公众获取更多信息时，可以群策群力，做出更好、更理性的判断。因此公共的管理权力应该下放到每一个公众的手中。这种思想在创新发展上十分有价值，也就是一些创新，必须通过实际操作者，从公众的角度，从使用者的角度出发，自下而上推进整体的创新。在共享经济环境下，大部分创新都是由下至上的，如风靡全球的 Airbnb 民宿、优步打车和现在城市中无处不见的共享单车，这些都是由下至上创新的结果。

可见，公共选择理论在现今的公共管理体系中起着重要的作用。该理论强调的是个体的理性选择，而如何从众多个体的理性选择中归纳出具有创新意义的改进方案需要不断地摸索和尝试。事实上，从共享经济创新项目 Airbnb、优步打车等运营中也可以发现，虽然从商业模式上抓住了公共选择的突破口，然而真正实现长期可持续甚至是改变传统的行业格局还有很长的路要走。

二、交易费用理论

交易费用理论由经济学家罗纳德·科斯（Ronald Coase）提出，这个理论的核心思想是企业与市场之间存在资源配置的互补。然而由于市场信息的不完全透明，存在有限理性和机会主义，这种情况就会使产品价格高昂，企业就可以有效地克服这种交易费用溢出的情况。这种理论认为这就是企业存在的根本原因（见图2－4）。

有限理性（Bounded Rationality）

· 指参与交易的人在追求效益极大化时所产生的限制约束

投机主义（Opportunism）

· 指参与交易的各方，为寻求自我利益而采取的欺诈手段，同时增加彼此不信任与怀疑，因而导致交易过程监督成本的增加

不确定性与复杂性（Uncertainty and Complexity）

· 由于环境因素中充满不可预期性和各种变化，交易双方均将未来的不确定性及复杂性纳入契约中

少数交易（Small Numbers）

· 交易过程过于专属性（Proprietary）或因为异质性（Idiosyncratic），信息与资源无法流通，使交易对象减少及造成市场被少数人把持

信息不对称（Information Asymmetric）

· 交易双方往往掌握有不同程度的信息，使市场的先占者（First Mover）拥有较多的有利信息而获益，并形成少数交易

气氛（Atmosphere）

· 交易双方互不信任，处于对立立场，无法营造一个令人满意的交易氛围，一方或双方增加了交易难度及成本

图2－4　交易费用产生的主要原因

资料来源：归纳自威廉姆森1975年的《经济交易费用》一书。

这种交易费用的理论，在我国也有比较好的推广基础，比如通过强化预算、设置工业特区等方法（王兆华、武春友，2002；马骏、侯一麟，2004）由政府介入抑制过高的交易费用。此外，还包括企业看中了市场的特殊机遇，并抓住了机会获得成功（王志涛，2004）。从宏观角度来看，交易费用理论的本质是引入商业和企业加快市场的运作，从而抑制过高的交易费用产生。事实上，交易费用并不单指的是费用，还包括其他资源，如人力、时间等。这种理论的核心是利用各种方法增加市场中信息的传播，从而使生产资源更有效地配置，进而降低交易的费用，促进经济的发展。罗纳德认为这样的市场繁荣是自发的，并有极高的自我调节功能，因此这种公共资源的配置相对更合理且市场更稳定。事实上，这种理论的确可以规避相当大的风险，如大豆、棉花、玉米等原材料期货市场就是基于交易费用理论规避了风险，降低了费用。

交易费用理论虽然专注于市场和企业的关系，但更强调市场的变化，从而造成新机遇的产生和过高的交易费用。而这种市场变化其本质是由于科技进步而产生的，这种科技进步就是创新的结果，换言之，一旦创新出现，那么在市场上就会引起波动，就会引来市场的追捧，表现在商业社会中，就是交易费用的溢出。因此交易费用理论本质是鼓励创新，通过创新改变市场，再由市场重新配置资源，改变与企业的关系。从这个理论可以看出，市场的管理者并不在于政府，而在于公众，这也是该理论被归为新公共管理理论的主要原因。

交易费用理论下创新的出现是基于一个假设前提的，那就是创新是逐利的。创新的最早出现可以通过技术壁垒等造成交易费用溢出，企业获得大量利益。而随着信息流通，以及竞争对手的技术跟进，创新带来的交易费用溢出越来越小，最后趋于零，市场再寻求新的创新出现。科技行业由于其技术周期较短，这样的现象非常容易被观察到。比如当苹果手机推出无键盘触摸屏幕时，便站上了行业创新的巅峰，而随着各大厂商相继跟进后，触屏已经不再具有创新性，企业不得不再寻求新的创新点，比如无边框屏幕、指纹、面部识别等技术。可以看出，这种创新的前提就是创新获利，因此基于交易费用发展创新的模式应用到国有企业的时候需要仔细分析其利害关系，毕竟国有企业存在的主要目的不是利益最大化。

三、激励理论

激励理论是早期的心理学理论，激励理论比较典型的是通过马斯洛需要层次论分析人的本质需求，从中得到结果为激励提供参考。激励理论现在更多地被用于企业人力资源管理，通过计算合理的激励投入和产出，从而实现增加员工工作效率和产出的目的。

比如社会交换理论（Social Exchange Theory）（Birtch et al.，2016）就是激励理论在现代组织行为学中的应用，也成为现代化人力资源管理的重要理论依据。社会交换理论指的是在组织中，上级如果为下级提供更多的回报，那么下级也会为上级付出更多，相反也一样。相比图 2 –5 中库克的社会交换理论，Birtch 的理论更加简洁，也更适用于组织中。总体来看，社会交换理论要优于传统的公共管理激励理论。传统公共管理激励理论主要分为两个方面，即过程激励和行为后果激励。顾名思义，前者是在不确定情况下对过程进行激励，而后者是对得到满意成果的激励。

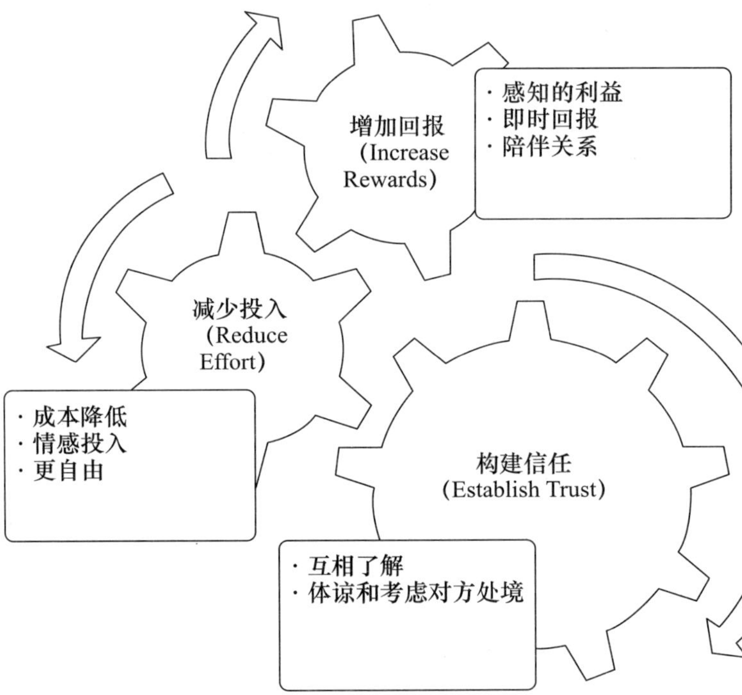

图 2 –5　社会交换理论运行机制

资料来源：归纳自 1987 年库克的《社会交换理论》一书。

传统激励理论无法预估激励的付出与预期结果之间的关系，因此在实际操作时很难把握激励的程度，常常出现过度激励或激励不够的情况。相比之下，社会交换理论有更好的交互性质，能更深入分析具体问题。

对于创新来说，激励理论有一定的参考价值。创新被公认为失败率较高的事件，而激励理论存在的价值就在于如何平衡得失，以激励的方式为创业者控制风险，也为创新过程的推进提供物质保障。然而，我国现阶段的创新激励方法主要停留在对于创新结果的激励，也就是说，一旦创新成功，那么创新团队和投资者会得到巨额的报酬。然而对于过程激励却应用得非常少，现有的过程激励主要是由投资者执行，也就是初创企业在发展过程中不断地通过 A 轮、B 轮、C 轮融资，以达到对创新发展过程的支持。但需要认识清楚的是，这种激励方法的本质还是投资，每一轮融资基本都是用股权换取资金、技术等生产资料，而具体的过程激励依然比较少。从政府对国有企业支持来看，过程激励非常重要，现阶段比较缺失，需要尽快弥补对于过程激励的管控方法。过程激励事实上非常有价值，主要原因是即使创新失败了，也会积累下大量的经验和教训，这些经验和教训很容易就能转变为知识积累。这种知识积累对其他企业有非常大的借鉴意义，避免类似的错误再次发生，从而实现资源的节约。我国国有企业在体制结构上有相当高的同质性，因此累积的经验和教训有很强的共性，容易推广，避免重复犯错。

四、新公共管理理论存在的问题

综观以上三个主要的新公共管理理论分析可以看出，新公共管理理论主要集中在用市场的方法调节和处理公共管理问题上。这些理论都有一个通用的假设，就是“人是理性的”。因此市场无论朝什么方向发展，其结果必然是理性的、正确的，即使是弯路或方向错误都可以通过理性的群体逐渐修正。而在实际情况中并不完全是这样，市场非常容易被其他强大的参与者所操纵，不仅使市场受到操纵，而且公众的理念、公众的思维也容易受到影响。对于我国国有企业来说，这样的完全放开式的公共管理基础理论并不十分适合。新公共管理理论在创新上的应用更缺少扎实的根基。在创新过程中，成败的关键并不是“理性”。许多创新恰恰是在非理性情况下经过不断技术突破而实现的。“理性”的思想只会帮助人们做出趋利避害的决策。这种理性思维驱使下的创新更偏向于用成熟的方法解决问题，其本质还是一种改良，而非以承担风险为代价，寻求新的解决方案。

因此可以看出，新公共管理理论的主要缺陷在于监管体系的构建和对于矛盾的处理解决方法方面。对于创新来说，其本身就是一个摸索、发现、尝试的过程，需要有一定的导向性。因此，发展创新如果完全采用新公共管理理论，容易在企业内部出现南辕北辙的情况。但不能否认，新公共管理理论提供了创新管理许多有效的方法和手段。这些手段不只停留在行政层面，更借助了市场、公众的力量，大幅度提高了创新的效率。因此新公共管理理论对创新发展有较好的参考价值。

总而言之，无论是旧的公共管理理论还是新的公共管理理论，针对创新发展和创新支持都有一定的价值和指导作用。而创新发展需要融合多方面的资源、协调各方的利益，因此，简单地采用某一特定理论作为理论基础并不明智。

本章小结

公共管理理论一般分为传统经典理论和新公共管理理论。本章深入分析了这两大理论体系的构建体系和方针目标。传统的公共管理理论在今天的社会中仍然有相当大的活力，许多新颖的知识体系，其基础都是经典理论。但是，经典理论受限于当时发展的时代背景，尤其是通信技术，许多经典理论为了避免信息扩散中出现的负面影响，采用了较为集权的方法，从而强化公共政策的执行力度。虽然经典理论存在一些缺陷，但这些缺陷无法掩盖其推进社会协作能力的本质。相比传统的经典理论，新公共管理理论更加成熟并适合快速发展的时代。新公共管理理论强调使用科学的、有依据的方法提升整体社会效率。对于创新研究来说，这些理论也有一定的不足，如创新投入充满着不确定性，很难通过数学计算得到令人满意的结果。

通过对两类理论的深入探讨和分析不难发现，对于政府创新支持问题来说需要取各家之长。首先，传统经典理论为创新支持提供了明确的指向性。创新，尤其是通过政府扶持的大型企业创新，其最终目的就是服务于社会，推进社会的发展，为整个社会谋求福利。其次，新公共管理理论提出了许多具体的有参考价值的指标和一系列实际运作的管理办法。并且新公共管理理论更贴近于现代的经济学理论和管理理论，因此在对创新风险的控制上有充分的考虑。最后，公共管理还偏重于组织之间的关系协调。政府对大型国有企业创新支持的问题，在实际操作中会涉及大量不同性质的组织，如政府职能部门、地方政府、不同企业、银行、科研机构等。可见，政府创新支持的基础理论一定是扎根在公共管理理论中，并根据时代的发展吸纳各家所长，进而建立灵活的、具有一定容错机制的理论体系。

第三章　国有企业创新能力

第一节　国有企业创新能力建设现状

总体来看，我国国有企业创新能力发展的现状并不乐观。尤其是近些年来，大部分有价值的创新都来自于民营企业。有些国有企业不但没有为创新发展出力尽责，而且还依靠其牢固的政府合作关系，剽窃民企和外企的创新，造成与民争利，一家独大的情况。比如，哈药集团曾经多次曝光丑闻，“纯中纯”饮用水质量不达标，协同检验机构造假；工厂周围大范围污染；建造超豪华办公楼等。许多产品配方是通过并购其他企业获得的，再利用政府背景，通过庞大的医院为渠道销售产品。

当然，这些企业只是个例，但从中不难看出，大型国有企业针对创新来说，是举步维艰的。大型国有企业的创新意识已经脱离了时代的经济发展，相比名企和初创企业，其对创新的认识相去甚远。梳理国有企业创新能力的现状，可以发现有两大原因阻碍了国有企业走上创新发展的路径。

一、创新的态度

态度（Attitude）在心理学中已经得到了比较深入的研究。态度一般被解释为一种比较固定的思考问题的方法（Wicker，1969；Olson and Zanna，2003），通常来说，态度的产生载体是个人。因此，每个人对特定的事物都拥有不同的态度和看法。然而，个人的看法一定会有偏差，Ajzen 提出，方法是通过对多个个人的有规则测量，从而形成对事物态度的总体推测。虽然这种方法受到其他学者的批评，尤其是对理论中“态度”和“行为”之间关系的质疑，但这种测量态度的方法在今天已经被大量的研究所采用，研究得到的结果经过验证后也比较可靠。

Ajzen 测量态度的方法本质是通过统计学中总体均值估计的、将样本中个人的态度聚合成对某个事物的总体态度。这种方法用来分析国有企业创新能力非常有效，因为无论国有企业上市与否，都有较大程度的信息披露。通过披露的信息可以很快查阅到与创新能力相关的主题，再将这些主题与其他性质的企业做比较，就可以从频次、强度两个主要的指标分析出差异。为此，笔者从 A 股证券市场中截取了三个不同行业，即能源、交通、制造，再从每个行业中分别抽取了两家国有企业和两家非国有企业，通过近三年公开年报的分析得到了一些结果，如表 3 – 1 所示。

表 3 – 1 上市企业年报创新汇总

	能源		交通		制造	
	国有企业	非国有企业	国有企业	非国有企业	国有企业	非国有企业
创新频次	8	34	3	25	3	42
创新力度	2	8	1	7	2	8

从创新态度来看，国有企业缺乏对其重要性的认识。其根源是由政策主导的市场垄断性。换言之，一旦市场垄断被打破，再大体量的国有企业也不堪一击。许多国有企业至今没有意识到这样的危机的存在，所以其对创新的态度非常冷漠。在交通行业年报分析中，非国有企业已经有计划涉足新能源、无人驾驶等高技术领域的创新。然而国有企业的创新依旧停留在人才政策、运营效率等制度化的创新方面。可见，长期忽视创新能力开发的结果是国有企业已经根本不能与非国有企业站在同一个平台上竞争了。久而久之，国有企业必须依靠政府支持或政策保护才能生存。而这样的保护本质是降低社会运作效率，浪费社会有限的资源，提高了运作成本，这种不可持续的偏袒政策一定不会长期有效。

二、创新的意愿

意愿（Intention）在消费者研究中被大量使用。它是衡量消费者是否愿意实施购买行为的主要因素。在创新领域中，创新意愿也是指组织是否愿意推进创新而实施的。需要指出的是，对于企业来说，并非有强烈的创新意愿就会实际投身于创新。创新本身风险极大，许多企业即使有创新意愿但是体量较小或者资源有限，不愿意承担创新带来的巨大风险，因此创新意愿非常重要，但它与创新实践并不存在绝对的相关关系。这与行为学研究中不完全一致，在行为学中，人们只要有强烈的意愿就会驱使他们去做这件事情。比如，新款苹果手机上市后，一些消费者有着强烈的购买意愿，并会在各种不利因素（排队、溢价、颜色选择不全）作用下，依然实施购买行为。

国有企业的创新意愿到底是否强烈呢？事实上，国有企业虽然总体来看创新能力不足，对创新的态度也并不积极，然而，并不是完全没有创新的意愿。对我国大型国有企业的创新意愿的分析，需要从以下三个角度来考虑：

第一，政策压力。先前章节已经介绍过，创新已经成为国家发展的政策，具有明确的政策导向。作为政府本身体制上逐渐优化并没有太多的创新科研，因此与政府有着千丝万缕关系的大型国有企业成了创新能力建设的主要担当者。比如，沪东中华造船厂是典型的上海政府管辖下的国有企业。造船类企业行业准入门槛极高，上海周边区域竞争也并不激烈，客户群体一般也是国有企业，因此相对来说市场比较稳定。然而，沪东造船厂却面临极大的技术创新压力。这种压力主要来自于政策方面。从上海地方政府来说，必须给沪东造船厂以创新压力从而确保上海造船水平在全国保持领先地位。这与上海要建设国际航运中心的整体规划有着密切的关系。船舶的制造和修理是航运中心必不可少的基础设施。如果上海无法保持该领域的绝对领先，那么大量航运业务必然被周围的沿海城市瓜分。周围的沿海城市虽然有深水优势，但并不具备技术、资金、人才等优势，未来也几乎不可能发展出国际领先的造船企业。因此，作为企业管辖的政府必须施加创新的压力，使其处于国内的绝对领先地位。可见，一些国有企业无论态度如何，其创新压力巨大，意愿也强烈。

第二，行业竞争。一些竞争激烈的行业中，国有企业对创新有着较大的意愿。这种行业的特色是创新可以直接带来经济利益。比如，食品行业中，国有企业虽然占据领先地位，但该行业准入门槛低，大量私企、外企可以非常容易地进入市场。此外，该行业上游供应商相对比较透明，下游顾客自主权极高，导致了该行业竞争十分激烈。一般在这样竞争激烈的环境下，国有企业必须调整为市场优先的经营策略，否则极易被淘汰。这种竞争激烈的国有企业虽然创新意愿较高，但其创新还是以自身盈利为主，很难为社会发展做出贡献。激烈竞争下的大型国有企业另一个特点是自身不愿承担风险投入创新，更偏向于通过体量优势，收购合并具有创新成果的小企业。虽然这样的大型国有企业有较高的创新意愿，但长此以往，企业规模不断扩大，一些大企业病也在所难免。

第三，社会责任。还有一些大型国有企业创新意愿也比较强烈。这类企业一般担负着一定的社会责任，受到社会大众的监督。比较典型的是各地的地铁运营企业。由于受众量极大，整个企业运营实际上是对大众完全公开的。那么创新能力一旦落后就会受到大众的指责。以上海地铁为例，市民已经完全成为了地铁公司的创新参与者。从车厢编制、路线规划、班次数量等大众的参与度极高。其他的创新比如刷手机进站、公交卡在线充值等也是公众呼吁极高的功能。这样需求度高的创新也是水到渠成。

本书中，上海机场集团也是另一个非常好的例子。上海机场旅客吞吐量自改革开放以来逐年增加，迫使机场必须建造更好的基础设施，采用更好的、更高效的手段对客流进行管理和疏导，提供更好的服务。上海机场一些大型创新项目，都是在客流量剧增的背景下应运而生的。比如，虹桥机场与虹桥火车站对接项目，就是为了方便上海城市旅客空运快速连接铁路运输。可见，与公众利益密切相关的大型国有企业一般创新意愿都比较高，其创新动力来自社会大众。企业不仅服务于社会大众，大众更推动企业不断前进。那么，这种面向社会大众的企业，其创新价值非常可观，创新的结果可以被整个社会大众所分享，大幅提高了社会运作的效率。

第二节　大型国有企业创新能力发展的主要壁垒

随着时代的发展，传统的以国有企业为主导的计划经济发展途径已经不复存在，企业必须依靠创新改革寻求新的机遇。然而对于国有企业来说主要存在以下几个企业内部创新的难点。我国大型国有企业有一定的特殊性，现有文献对其也有归纳和总结，梳理文献可以看出三大创新支持的壁垒：①组织架构与事业单位人事制度；②盈利性与非盈利性的矛盾；③承担社会责任。虽然还有一些其他因素，比如经营范围受约束、股票市场上市流程复杂等，但其核心的壁垒还是以上三点。

本书针对上述三点壁垒结合现有的文献进行深入分析。要根本解决上述三个大问题其实不可能，因为上述三点的根本原因是国有企业本身体制化的问题。历年来也有不少学者对国有企业体制提出质疑并试图用新的体制来取代，比如采取更接近于市场化的薪酬体制等（李烈满，1998；黄群慧，2008）。但要从根本上改变国有企业运营体制，从实际情况看来并不可行。因此，本书的目的并不是质疑国有企业体制，而是对其进行深入分析，寻求适合国有企业特征的创新手段。

一、组织架构与事业单位人事制度

国有企业组织结构层次多、权力距离（Power Distance）大。国有企业的初衷是对国家运行提供必需的保障，因此其管理组织结构层次多而清晰。这种组织结构的优点在于执行力强，顶层的决策可以很快得到贯彻和执行。随之而来的负面影响是权力距离增大。权力距离是衡量企业文化的重要指标，权力距离大说明上级对下级有着严格的监管要求。多项研究已经证明权力距离越大就越难在组织中激发创新思维（Banerjee，2012；Lin et al.，2015）。

现有国有企业大部分依然是事业单位，采用了类似于公务员的层级制度，导致权力距离多年来未得到改善，内部创新也是困难重重。现有的事业单位人事制度和创新制度的研究文献也对此有深入的讨论。比如，有学者认为事业单位本身的架构比较僵化，期望事业单位自身改革可能性较小，必须逐渐引入社会和市场竞争者，从而发挥“鲇鱼效应”，激化事业单位改制和创新（贾智莲、孔春梅，2009）。又有学者认为，事业单位创新性不够的核心在于创新性人才不足，解决这一问题必须由政府提供更多的、更具体的人才扶持政策，如提高薪资、落户便利等（叶汉雄、吴湘玲，2002）。这种政策扶植的方法虽然在一定程度上是立竿见影的有效方法，但也存在一定的缺陷，它并没有从根本上试图去改变事业单位的组织结构，权力距离依然很大，并且这种方法无法体现公平性，实际操作时会有许多细节问题且容易滋生腐败空间。

相比国外的人力资源方面研究（Oldham and Cummings，1996），可以发现我国国有企业之所以有浓重的官本位，权力距离大，是因为我国上层管理者基本掌握了下层绩效考核、人事调动的权力。而国外员工创新研究和人力资源研究对员工绩效考核、岗位变动以及创新激励是能够很好区分开的。因此，本书也需要参考国外研究长处，在充分考虑国有企业人事现状的框架下，优化解决方案。

二、盈利性与非盈利性的矛盾

我国国有企业另一个创新矛盾在于盈利性。许多大型国有企业担负着受众面大且基础性极强的社会责任，而这些职能的运作本身并不以盈利为目的。铁路客运业务就是典型非盈利、覆盖广的基础运营。可见，国有企业的角色定位从来不是通过运营效率的提升而获取利益，长期以来，这些企业运行的目标是保障某些基础功能。在现有的文献中（乔明哲、刘福成，2010；王文成、王诗卉，2014）对此也有深入的分析，比如我国的一些基础设施业务还未对民营和外资开放，导致行业长期处于国有资本寡头垄断的状态。这种状况的形成有历史原因，其结果也并不是完全一无是处。但这种国有资产长期寡头垄断的结果之一就是运营企业并不注重创新。在没有外界竞争介入的情况下，行业长期处于稳定状态。企业只需要维持有序的日常运营，至于是否有创新，就成了一个对企业来说无关痛痒的事情。比较典型的就是 2013 年撤销铁道部之前，全国铁路的运营情况。

可见，国有企业的盈利性是非常复杂的问题，而且与创新能力开发有很大的关系。大致可以分为三种情况：第一，以盈利为目的；第二，不以盈利为目的；第三，盈利自主，自负盈亏。

第一种类型的国有企业并不少见，比如我国医药行业的国有企业就属于这类企业。这个类型的特点是行业比较开放，允许民营和外资企业竞争。比如在医药行业中，扬子江药业集团有限公司、哈药集团有限公司、修正药业集团和上海雷允上药业集团都是著名的国有企业。其他行业有汽车行业、大型机械等。这些国有企业虽然担负着一定的社会责任，但其目的还是盈利，否则根本无法在行业中立足。这类企业中创新能力发展是企业的重要战略，在竞争中有着决定性作用。虽然属于国有企业，但这些开放型市场中的国有企业创新能力显著地高于其他类型国有企业。

第二种类型的国有企业则是不以盈利为目的的企业。先前介绍的铁道部重组后的中国铁路总公司就是典型的以非盈利为目的的企业。其他典型非盈利企业还有上海机场集团（各城市机场集团都属于这类）、外高桥开发总公司、各地地铁运营公司等。这类企业的特点是业务功能十分局限，而且市场相对封闭，在行业或市场中处于垄断地位。然而这种垄断地位并不会给企业带来巨大的利益，相反这些利益通常用来服务社会或社会基础设施的建设。比如，我国相对低廉的火车票价格、多处大型公共设施等。我国非盈利的国有企业数量众多，实际上国有企业的传统就是服务社会，而并非通过服务社会创造盈利（王文成、王诗卉，2014）。原材料业、建筑业、教育业等都有大量非盈利目的的国有企业存在。总体来看，这种类型的企业缺少创新的迫切意识，由于其承担的社会基础责任，稳定和维持是这类企业的主旋律。这类企业承担的是基本的社会责任，因此运营能力一般已经得到了保障，只有在突发事件情况下才会出现运力不足。比如，铁路运输业长期处于稳定和被满足的状态，对于提高运营效率并没有迫切的需求。而到了春运这样的激增高峰时期，创新带来的有限效率提升显然已无法满足众多需求，因此创新对于铁路运营来说意义十分有限。

第三种类型的企业是在部分开放的市场中自负盈亏。这类企业与开放竞争的企业不同，其行业并非完全开放，一般处于逐步开放的状态。此时，国有企业也受到了一定程度的保护。比如我国的新能源汽车行业就是这样的情况。国有汽车企业拥有一定的优势，对于国内新能源汽车的消费者也有一定程度的补贴。虽然有这样那样的政策保护，但相对来说还是开放的，国外的新能源汽车仍然可以销售，针对国内新能源汽车的补贴也逐渐减少。这类国有企业通常有很强的创新压力，随着市场的逐渐开放，其地位必然有所下降，如果无法依靠创新缩小与对手的差距，其结果必然是被市场淘汰。即使这些企业曾经为国家经济建设做出了贡献，但在现今的经济发展形势下，没有必要进行刻意的保护。我国的矿产资源开采、金属冶炼等行业的国有企业，许多都在逐渐的市场开放中被淘汰。相反，那些没有被淘汰的企业都从内部发展出了创新改革的能力（韦江宏，2003）。

分析这三类国有企业可以看出，对于创新能力来说，开放性市场的国有企业要明显好于垄断行业中的国有企业。如果采用简单粗暴的方式，将原有的承担社会基础责任的行业完全对外开放显然不符合我国实际情况。那么如何才能推动垄断或者半垄断的大型国有企业创新发展将成为一个艰巨的课题。一旦市场开放后，如果无法适应市场争取客户，那么无论这些企业体量有多大，结果必然是被淘汰。然而这是我国社会不愿看到的结果，不但那些曾经做出巨大贡献的国有企业停业后会引起社会不安，更麻烦的是那些民生设施的运营权力将被分散的资本所控制。本书后续部分会进一步讨论上海机场集团这样具有垄断性质的国有企业是如何增强和激励创新能力建设的。

三、产品和服务相对单一

大部分国有企业所提供的产品和服务比较简单，以上海机场为例，其根本的服务功能是提供旅客和货物的安全进出港。大部分的实际工作是由多个其他公司和组织完成，机场实际承担的是协调和辅助作用。比如航空公司负责飞机起降、安保公司负责机场安全、海关商检等职能机关负责检查通关和检验、货运公司承担货物装卸运输和物流等。把这些事物剥离后，机场的实际业务就显得单一了。事实上许多国有企业都有这样的情况，即使是那些欣欣向荣的企业，如中国移动、电信等公司，剥离了第三方的合作业务后其本质的业务十分简单。这些企业的欣欣向荣的主要原因是经济发展和技术进步所带来的必然趋势，而非其本身的创新和变革能力所致。也就是说，用智能手机的人多了，那么电信和移动业务必然增长；开车的人多了，那么石化和冶炼行业必然蓬勃发展；上海地区经济发展迅速，那么上海空港的进出口人流量和货运量也必然增加。不可否认的是，这些发展过程中必然有创新，然而这种创新大部分是倒逼的，而非主动的创新。

那么，国有企业是否应该丰富其产品和服务呢？答案显而易见，国有企业应该开拓更大的市场，发展更多的产品和服务。然而，这样的设想在实际运营中会带来另一个问题，那就是开发产品的边界如何界定，新产品是否会依托强大的国有资本的运作达到与民争利的结果。可见，新产品和服务固然好，但在实际操作时很难划清界限。比如，以浦东机场为例，运营仓储和运输是货运物流中利润最为丰厚的一部分业务。作为机场有着得天独厚的优势，那么机场是否应该开展此业务，一旦开展后如何面对其他企业对于不公平竞争的质疑。

可以看出，国有企业的新产品或服务的开发要比其他所有制的企业更为复杂。其主要原因是，其他所有制企业衡量新产品的指标非常明确，就是产品在行业中的竞争力，竞争力可以很快转化为业绩和利润，然而对于国有企业来说新产品的开发更为复杂，需要考虑三个主要维度：第一，受众面。新的产品和服务必须有一定的社会覆盖面，为公众提供更好的产品服务体验，从而提升整个社会的运作效率。第二，盈利空间。除了上市部分的资产属于股东所有以外，对于大部分国有企业来说，国资委是主要所有者，而国资委的最终所有人是社会大众。因此国有企业开发的产品本身不可能是一个牟利工具。所以在新产品开发和定位阶段对于平衡成本和利润来看有一定难度。如果产品利润太大就会被批评为与民争利，打压民企生存空间，而利润太小或者是负利润则无法长期可持续地开展业务。第三，社会责任。在我国，行政和职能部门承担了相当部分的社会责任，比较典型的就是环境保护、公共交通设施。但仅仅依靠职能部门显然无法满足快速的社会进步。最合理的解决方法是职能部门与企业全面合作推动社会进步，然而投资大、利润微薄又承担一定社会责任的行业很难吸引民企的进入。比如，灾害救援、地理测绘等行业，国有企业必须挺身而出，责无旁贷。可见国有企业的产品和服务开发相对复杂，需要考虑的因素很多，往往这些产品需要投入的人力、财力资源相对较大，一些国有企业管理能力无法跟上，导致了宁可死守原先单一产品的局面。

四、业绩衡量标准陈旧

国有企业的业绩衡量标准主要分为两个层面：第一层，政府对企业的业绩衡量；第二层，企业对个人的衡量。这两层衡量标准都是自上而下的。通常国有企业承担一部分社会责任，并不以追求利润为主要目的，因此政府对企业的考核也很少以盈利为依据。事实上，国有企业的考核制度长期以来也是缺失的，大部分国有企业的领导也只要求在职期间“不出事”、“不犯错”。提到企业对员工考核上更是遵循陈旧的规则，按部就班、按资排辈，国有企业的人力资源管理中很少设计创新鼓励，也不欢迎个人对工作流程方法等提出疑问。国有企业的人力资源政策和晋升途径更偏向于服从和贯彻命令的人，而非勇于积极探索、创新的员工。

从业绩考核的制定也可以反映出企业战略定位。陈旧的考核制度一般只存在于相对封闭的市场行业中。相反，越是开放、越是充满竞争的行业中即使是国有企业其考核标准也是以盈利为最终目的。这种以盈利为目的的考核也必然需要加入创新的指标。

五、缺乏创新激励的手段

不可否认在创新驱动的大环境下，已经有大量的资金、资源等补助到了国有企业，此外，许多创新政策也向国有企业倾斜。然而真正要将这些条件转换为创新能力却很难做到。虽然国有企业的创新激励方法看似五花八门，有税率减免、资金补贴、无息（低息）贷款、房租（地租）补贴、独家经营、人才引进补贴等。这些纷杂的激励方法可以归类为三种主要形式：第一，通过资金补贴激励创新的产生。这类方法被大量用于国有企业创新激励上，具体方法包括减免税、研究项目资助、无息或贴息贷款等。而这类方法的大量使用恰恰说明创新激励的具体手法缺失。这类激励手段包含了国家对企业的支持和企业对个人的支持。第二，政策倾斜类。这类激励手段一般是建立壁垒或提供优惠政策从而强化国有企业的竞争优势，或者通过这些手段实现不公平竞争。这些方法有提供技术人才住房政策、划定经营范围、修改市场准入要求等。简言之，这类支持的实质是通过政策给国有企业以优势。这类支持主要体现在国家层面多企业的支持。第三，提供创新指导和培训。此类支持方法在小型和微型企业中十分盛行，然而在国有企业中的使用却比较有限。此类方法有提供创新类课程、指导讲座、经营交流等。这类方法的目的是通过信息的共享和互通激发创新思维、加快创新速度，同时让组织创新互相吸取经验避免再次因类似问题导致创新失败。这类方法一般针对具有创新思维的个人，在国有企业中通常体现为培训课程、讲座等形式。这类支持虽然有益，但还是无法突破国有企业体制约束，因此常常流于形式，实际的效果并非十分理想。

总结国有企业创新的困局，可以梳理出以下五个主要因素。图 3 -1 归纳了现阶段国有企业内部创新能力建设的主要困难。

这些困难涵盖了产品开发、生成、销售等方方面面，可见企业创新能力培养是一个非常复杂的问题。需要指出的是，这些壁垒非常具有国有企业特色，也是由于国有企业种种制度的制约导致了无法解决好这样的问题。相比之下，外企、私企等也会面临这样的壁垒，但其制度体系可以比较好地处理这些问题。

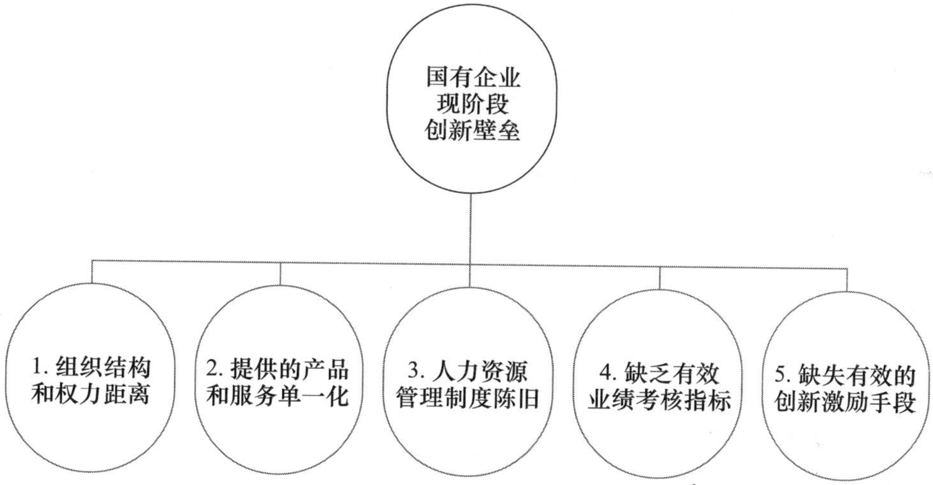

图 3－1　国有企业现阶段创新的主要壁垒

本章小结

本章以国有企业自身为切入点分析了国有企业创新能力现状

和存在的主要问题。从大型国有企业现状来看，核心的问题是创新态度脱离了时代的发展。许多企业对创新漠不关心，无法充分认识到创新在现代化经济体系中的重要的地位。另外，虽然一些企业有创新的意愿，但仔细分析这些创新意愿仍然是被动的意愿，或迫于政策压力，或受到外界经济发展和被公众参与所带动。主动创新意愿并不强烈。此外，国有企业创新现状还存在其他问题，比如企业制度创新多于技术创新；产品优化大于新品开发；创新资源投入不够；过度依靠并购等。

另外，本章还根据国有企业的体制特点，分析了创新所遇到的壁垒。这些壁垒虽然在短时间内很难完全解决，但长期来看是可以通过政府干预慢慢消化和缓解的。需要指出的是，这些壁垒的根源虽然来自于国有企业所有制体制，但这并不意味着国有企业体制一无是处，需要彻底推翻。国有企业制度也具有一定的优势，未来创新研究的主要目标应该聚焦于如何发挥国有企业体制优势，从而激发国有企业进行对社会有利的实质性创新。

第四章　政府对国有企业创新支持的现状

第三章主要分析了国有企业创新能力相对较弱的原因，不难看出，其中许多根本问题指向的是国有企业所有制。对于大型的国有企业来说，政府的参与和管控有利有弊。但无论如何，国有企业在创新能力建设上遇到的困难和壁垒，政府应该参与解决。因此在研究国有企业创新能力的问题中，政府的角色是相当重要的。国有企业创新能力较弱，那么政府也有一定的责任。

但需要强调的是，企业创新能力的重要性一直到近些年才被充分地认识到。即使在欧美发达国家，政府对于如何支持企业创新也并没有完整的体系。各国也都基本处于摸着石头过河慢慢尝试的阶段。因此，虽然我国的国有企业整体创新能力不强，但是一旦政府和国有企业达成了默契的配合，那么以后国有企业创新能力势必迎头赶上。本章以政府为主要视角，分析了现今政府对国有企业各种创新支持方法的有效性和弊端。

第一节　创新支持的历史

虽然全国层面的“创新驱动发展战略”基本是在“十二五”期间确立的，但实际上各种不同形式的政府支持创新一直存在。从现有的文献来看，政府作为支持主体的记载主要可以分为四个阶段：

第一阶段，改革开放之前。改革开放是1978年12月中共十一届三中全会开始实行的对内改革、对外开放的政策。现有文献也基本可以以1980年作为分割线进行研究，本书以1980年之前作为改革开放之前时期。

从现有的国有企业历史研究的文献记载（付蓉蓉、于克信，2013；李俊，2015）可以看出，在改革开放以前，国有企业在国家整体经济中的地位十分显赫。虽然当时对创新、创造等没有具体的概念，但是国家还是花了不少精力用于提升企业生产技术的进步。当时主要采取的手段是政策调整企业技术岗位人员编制数量，通过增加企业技术岗位人数和调整科研经费以达到刺激技术进步的目的。还有一种方法是通过跨企业的优秀技术人员调动，推进各个企业的技术同步发展。这些方法虽然简单，但在当时效果却十分明显。比如杜斌（2006）就分析了早期大同煤矿技术发展方法，其中国家关于技术人才的政策对企业技术进步起到了决定性的作用。改革开放前，不仅煤矿行业，还有许多行业受益于这种支持手段，比如建筑业、大型机械行业、农业等。然而随着国有企业在整体经济中慢慢淡出，这种调节技术人员数量的方法也渐渐失去了效果。

第二阶段，早期改革开放。本书中改革开放的前期指的是1980~2000年。这种方法通常与改革开放前30年和后30年划分有所区别。主要考虑用一些对国有企业具有历史意义的事件作为划分依据。1980年国有企业已经认同了中共十一届三中全会确定的改革开放作为经济发展的主旋律，国务院也相继颁发了《关于大力发展对外贸易增加外汇收入若干问题的规定》，确定了在深圳、珠海、汕头和厦门试办经济特区并采取更为开放的政策。选择2000年作为重要事件节点是因为1999年党的九届全国人大二次会议确立了“十五大”报告提出的“非公有制经济是社会主义市场经济的重要组成部分”，并通过了中华人民共和国宪法修正案，明确非公有制经济是中国社会主义市场经济的重要组成部分，从而大大促进了社会生产力的发展。此外，次年在卡塔尔多哈举行的世界贸易组织（WTO）第四届部长级会议通过了中国加入世界贸易组织的法律文件，这也标志着改革开放进入了新的时代。

在改革开放的前期阶段，政府支持创新的手段略显无力，对国有企业发展定位也不明确。社会上也对国有企业的垄断有很大的质疑，而官僚体制的管理和政府对市场的行政干预更是与当时WTO国家化趋势南辕北辙。在改革开放的前期阶段，国有企业拥有了更大的人事管理权力，对于创新应该由谁主导产生了一些争议。从文献还可以看出，当时还有许多对体制创新的研究（王安民，1996；马戎，2000），尤其是对国有企业各个主体的职责进行更清晰的划分和更合理的规划。此外，在这个阶段国有企业技术创新受到了广泛的重视（廖理、姜彦福，1996；赵惠芳，2004），许多国有企业通过改革开放的窗口了解了产品与发达国家的差距，企业更加重视专利、重视产品的开发和更新。但是创新的手段主要是学习，通过技术人员出国访问、国外优秀产品拆解仿制等逐步提升和积累了国有企业的技术实力。

第三阶段，改革开放中后期。该阶段被认为是2000～2010年。这一阶段中国经济稳步提升。一些企业从先前技术创新等措施中得到了利益，向世界级水平不断靠拢，同时也完成了管理理念的提升和转变。而另一些无法自我调整的企业，在这些年被时代淘汰。在此期间，通过北京奥运会和上海世博会的成功举办，不但加快了对外开放的步伐，更大幅提升了民族自信心，从盲目学习国外经验和理念转变为更为理性的择优而学。

这段时期随着改革开放的深入，企业与国外顶尖企业的差距逐渐缩小，政府更加意识到创新对于后期发展的重要性。创新支持方式主要体现在以下几个方面：从政府层面加大科研创新投入，针对高校、研究所、国有企业科研部门的科研预算资金不断增大（李发福，2008）；出台各种层面的创新激励政策，包括规划创意园区、人才培养激励政策、高科技企业补贴等（孟庆伟、安会茹，2000；董岗、傅铅生，2004）；由国有资产直接控股成立高新科技企业，如中国商用飞机有限责任公司2006年由国务院批准并于2008年成立。

第四阶段，万众创新。该阶段指的是2010年以来，我国确立了创新发展的国家策略。标志性的事件是李克强总理2014年在夏季达沃斯论坛发出“大众创业、万众创新”的号召。这意味着创新创造不仅应该受到大型企业单位重视，更应该成为小微企业谋划发展的重要手段。事实上在此阶段，我国涌现出大量极富创新的企业和组织，产品和服务更是达到了国际领先的水平。这段时期不但有小米、一加等科技类公司迅速崛起，更有如火如荼的共享经济企业蓬勃发展。

在此阶段，政府各个层面已经充分认识到了创新创造的重要性，不仅将“创新”纳入“十三五”规划发展的框架中，更是将创新视为我国经济后续发展的重要动力。研究者也指出，创新发展是我国产业全面提升、赶超世界强国的重要途径（丁浩、王炳成等，2013）。在此阶段，创新支持手段也出现了变化，原先创新支持主要针对企业、科研机构等，而发展到第四阶段，各级政府部门，如人保部、发改委等都设立了类似于天使基金的资助预算，创意园、孵化器等更是如雨后春笋般在各大主要城市涌现。这一阶段，创新的局面实际上已经非常复杂，而政府支持的方法还比较单一化，已经无法适合时代的发展，因此，有必要进一步梳理现有的创新形势，改善政府创新支持的手段，发挥政府支持的优势，使之与民营资本（如风险投资、天使基金等）产生差异互补，从而进一步推进我国国有企业创新能力的综合发展（见图4－1）。

图4－1　大型国有企业创新支持四个阶段

第二节　政府对国有企业创新支持的手段分析

创新支持最终需要落到实处，换言之，政府支持的初衷必然以某种实际形式体现在企业的创新能力建设上。这种从计划到行动的过程中往往结果会偏离原有的预期。大量文献也说明了政府支持其结果往往不尽如人意（Edquist and Zabala - Iturriagagoitia，2012；Cunningham，2013），而且这种现象仅在国内存在。因此，探究政府支持具体手段十分必要。

一、科研项目和研究经费

在大量的政府支持手段中，科研项目和研究经费是最常用的创新支持手段。这种方法确实在现有的技术改良上比较有效，但显然按照创新的分类，这类支持方法只能对改良性（Innovation）创新有所帮助，对真正的创造（Creativity）影响十分有限。有不少研究指出，现阶段大量的创新并不是来自于科研项目，而是来自于具有创新精神的企业家（Woodman et al.，1993；Mohnen and Röller，2005）。而在实际生活中，人们也有切身的体会，小米、特斯拉等一流创新型企业崛起的路径和政府支持毫无关系。甚至有联想电脑的案例分析说明了联想电脑的成功得益于早期与中科院分道扬镳，接受了市场化的改制。可见这类科研项目实际上无法带来突破性的创新。

那么，为什么多年来科研项目成了政府支持的主要手段呢？首先，是因为项目的管理方法和机制比较符合政府资金的发放体系。比如，Mohnen 等就指出了政府资金和风险投资（包括商业银行）（Mohnen and Röller，2005；Thrane et al.，2010）的区别。其根本在于政府无法在创新早期以入股的形式投资创新项目，无论项目的回报高低，政府资金风险承受能力实际上是远远低于投资基金和银行的。其次，我国政府偏爱适用科研项目的方法在于项目一般有比较成熟的甄选、中期检查和成果验收体系。而这些流程帮助政府层面完成了书面报告。也就是说，即使创新项目没有取得成功，也会以比较合理的方式交代，这种评价体系和风险资本完全不同。风险资本考察的项目更为实际，如市场认可程度、技术突破可能性等多个指标，然后由多个指标组成一个估值，对项目的价值进行评判。绝非纸面上的检查报告、成果申报等。最后，文献还指出（Lundvall，1992；Woodman et al.，1993；董岗、傅铅生，2004；Mahmoud - Jouini et al.，2016），科研项目制度中资金额度也是一个问题。一般科研项目资金设置是一个估值的数值，未来数年内要依靠这笔经费只想一个创新项目。而实际优秀的创新项目，如爱彼迎（Airbnb）、优步（Uber）、滴滴打车等，期间风险资本参与了大量的市场推广运作，比如送优惠券、司机补贴等。这种行为一方面是需要大量资金，另一方面资本和资助企业常常需要有很强的合作关系。而这种关系显然项目制度无法提供。

尽管科研项目制度存在这样或者那样的不足，但对于国有企业体制和政府职能来说却还是比较适合的。政府创新支持的资金的确与风险资本有所差异，但依旧对一些行业有所帮助。

科研制度作为创新支持手段的缺陷如图 4 - 2 所示。

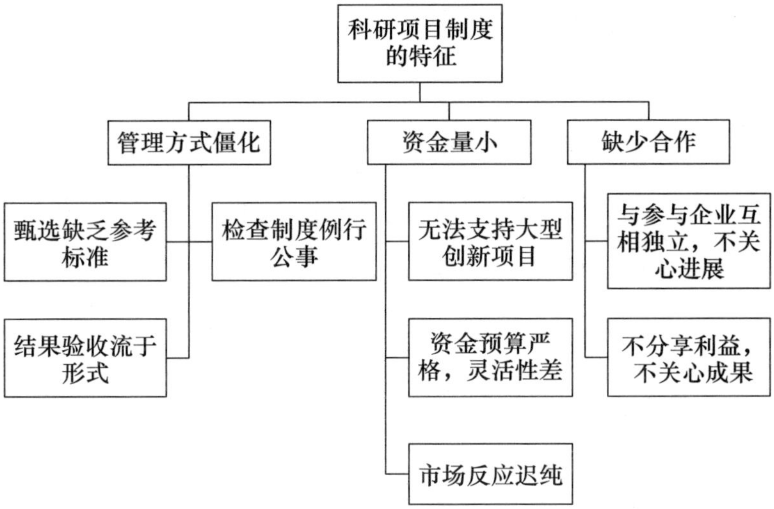

图 4-2 科研制度作为创新支持手段的缺陷

二、行业准入设置和政策保护

另一种政府对企业有效的扶持方法是设立一定程度的行业准入门槛，比如，达到一定资金量后才能从事该行业的业务。然而就行业准入和政策偏袒方面来看，现有的文献也存在一定的争论。一方面，政府设置的壁垒的确有利于提升特定行业的竞争能力，争取更大的生存空间，这种方法可以非常有效地保护新兴企业或者重点扶持企业。另一方面，行业准入保护实则是一种政策不公平的袒护，这种袒护的对象和程度都缺少科学的评判依据。比较典型的是在 21 世纪之交时，曾经有大量的关于是否要保护国有汽车制造业的争论。保护者认为如果不对国有造车企业有政策扶持的话，一旦加入世界贸易组织后，市场逐渐放开，外企进入国内市场，那么我国车企将彻底失去生存空间。相反，反对政策保护的一方认为汽车业应该完全放开，就像电子行业和移动通信行业一样，只有外企进入才能激发国内企业竞争意识，至于最后生存的是国企还是民企并不重要。

显然，反对者认为这种不公平从长远来看是不具有可持续性的，而且受保护的企业往往不理解政府的良苦用心，反而不思进取，坐享其成（Alves et al.，2007；江诗松、龚丽敏等，2011；Banerjee，2012）。改革开放初期我国的汽车业就是这个现象，反而是逐渐放开外资进入政策后我国民用车市场才慢慢趋向成熟理智。事实上，以汽车行业和通信行业为例，今天的格局非常明确。受到政策保护的汽车企业依旧无法走上现代化企业的道路，最后还是要依靠合资、收购等方法和外企联合，在中国市场上推出外企的车型。相对而言，移动通信业则在近些年突飞猛进，以华为、小米等为代表的国产科技公司已经在国内市场占据了稳固的市场地位，并向海外不断扩张。

从现阶段文献来看，单纯地讨论是否要对企业提供政策保护的意义并不大，比较前沿的思想是政府的创新政策调节理论（Lundvall，1992；Mohnen and Röller，2005），虽然该理论在执行上存在一定困难，但从理论角度来看，是非常成熟的。该理论的核心是政府通过激励和抑制两种手段调节企业创新发展的投入力度，从而从整体角度控制创新带来的风险，避免资源浪费。因此，对于创新支持来说，政策保护应该讨论具体如何保护和制定灵活的可调整的制度，而不应该将讨论放在是否允许政策偏袒与政策偏袒是否公平上，如图 4-3 所示。

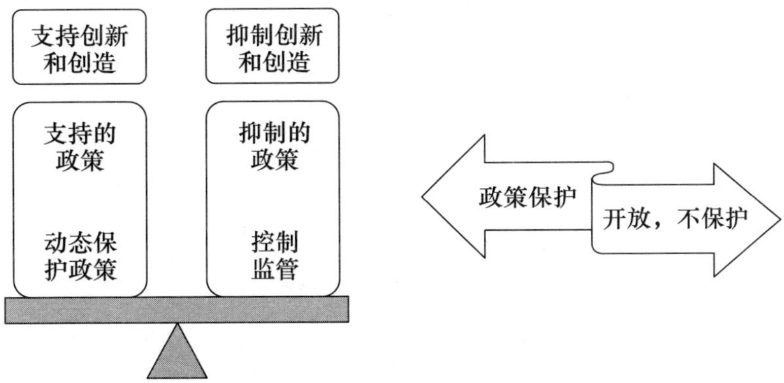

图 4-3　左侧是可以调节的政治，右侧是非黑即白互相不容的政策袒护方针

对于国有企业创新支持来说，这种理论非常值得借鉴。首先，该理论不会简单地设置市场准入门槛来阻拦其他企业的竞争，而是一系列政策分摊企业创新等风险，从而达到扶持某个企业的目的。如提供针对创新项目的无息贷款等。其次，这种扶持政策不是长久性的，扶持的力度也有很强的可调节性。创新获得支持后如果无法获得预期的效果，政府可以放弃对该创新的支持。这样就可以避免一些企业一旦获得政策支持后就完全不思进取，靠政府扶持度日。最后，对高风险创新的抑制。创新是高风险的投入，许多创新项目虽然有很高的技术含量，但与社会的发展并不十分契合。调节理论提供了政府抑制高风险创新的方法，将资源投入节约下来，提供给其他更适合的创新项目。

三、知识积累和人才储备

政府创新支持的另一个手段就是直接干预人事调动，通过对国有企业增派或者提拔具有创新意识的人才干部实现国有企业创新能力加强的目的。我国大范围推广的产学研结合就是典型的人才交换流动和加强知识传播的举措。从现阶段来看，这种方法推行的前提是要有大量具有创新能力的个人并且这些个人活跃在各个组织之中。然而实际情况却并不理想，创新人才往往更愿意去那些本身就具有创意的企业工作。现有的国有企业运作制度也很难管理创新人才和积累创新知识。

我国关于人才和知识方面的政府创新支持研究偏少，主要问题是与政府创新支持的结构有关。根据现有的中国政府的结构，主要有七个部门涉及创新支持。它们分别是人力资源和社会保障部、国家发展和改革委员会、教委、科委、财政局、工商局和税务局。其中才人管理大部分划归人力资源和社会保障部掌管，而该部门只负责创新人才管理，并不负责相关的创新项目。因此，我国的人才和知识储备方面的研究主要还是在企业层面（陈建武、张向前，2015）和毕业生就业（赵琛徽，2005）方面。实际上这些研究还是聚焦于人才培养的领域，与企业创新能力之间属于间接关系。这也和我国创新支持经验不够丰富有关。虽然现阶段知识积累和分享是我国政府支持的“短板”，但可喜之处是，对于国有企业来说由于其体制化管理，现有的知识大部分还是集中在国有企业、高校、研究所等机构中。这些机构一定程度上都需要服从政府的统一指挥，因此知识分享与合作会相对简单，知识传输中的壁垒也不显著。可见，体制化的管理对于人才和知识的传播有着十分明显的优势。

虽然国有企业有着很好的知识传播架构，然而本身的创新人才和创新知识的匮乏也十分明显。主要体现在三个方面：第一，国有企业运营过于强调稳定，导致在人事褒奖制度中更愿意凸显勤恳工作的个人，而非那些具有创造力的个人。长期采用这样的人事制度，其结果是具有创新意愿的个人无法在组织内得到晋升的机会，组织的发展和行为的决定权往往一直掌握在保守派手中，致使创新无法融入到企业的文化中。第二，依赖政府管理具体的创新。由于政府机构有着企业发展方向的决定权，许多企业对于创新建设完全依赖于政府。期待政府从高校、研究所等知识聚集的组织调拨具有创新能力的人来帮助企业提升创新能力。但是政府机构一般只参与企业的战略方向制定，并不涉及实际工作，因此也很难匹配具体的企业创新团队和其他组织中现有的创新知识资源。第三，人员配置制度。从现有的经验来看，传统的企业内部依据职能分配的部门结构并不适合处理创新、开发等事务，采用独立于企业日常事务部门的项目团队方法是更有效的创新体制（Bowen，2004）。其优点在于项目团队人员可以摆脱日常运营的束缚而专心集中于新产品或服务的开发。然而，这种组织结构的弊端也十分明显，那就是当创新项目完成后，除非有新的创新项目出现，否则项目组成员必须回到组织的其他职能部门中。对于一般的所有制企业来说这并不难处理，有些企业甚至可以直接解雇该项目组中的员工。对于一些特殊行业来说，项目是常态，没有项目就没有收入也是一种常态。比如，在影视娱乐业中，剧组中的导演、演员、制片等都是以项目制运行的，项目完成后必须尽快找到下一个项目，也就是要尽快参加到另一个剧组。然而在国有企业中实现这样的人员配置十分困难，现有的国有企业制度虽然在人员管理中有了一部分松动的空间，但依然无法达到项目制管理的水平，创新项目完成后无法安置成员。所以如果不从人事制度上改革就无法形成国有企业内支持创新的组织架构。

第三节　政府支持国有企业创新的现阶段问题

创新发展已经受到了我国政府广泛的重视，自改革开放以来，一些创新能力强的企业已经从创新中获得了不少利益，尝到了甜头。然而从政府层面来看，现阶段的创新支持效率并不理想，无法应对现阶段越发复杂的经济环境，创新支持方法和手段急需改进。梳理现有的文献，可以总结出我国政府现阶段对国有企业创新支持的一些问题。

一、政策一致性问题

政府是一个比较笼统的称谓，在政府创新支持的范畴内，政府表现为不同的实体。不仅有大到国家小到区县的不同行政级别，还有人力资源和社会保障、工商、税务等不同职能的政府部门。由于政府部门受组织结构、职能、层级划分与国有企业的关系等因素影响，对国有企业的创新规划往往很难形成一致意见。这种现象直接导致的后果就是对国有企业创新规划不明确，没有条例清晰的指导性框架，缺乏长远战略目标。对国有企业的创新支持手段就显得零碎、分散、目的不明确。在一些国有企业中，战略方向完全相反的项目同时研究执行也经常出现（付蓉蓉、于克信，2013）。

这种政策的一致性还表现在各级政府对国有企业发展规划与企业本身规划的不一致方面。以上海的宝钢集团公司为例，作为上海首屈一指的钢铁企业，是全国基础建设的重要奠基石。然而随着上海城市的扩张，严重挤压了宝钢的周边发展。又由于钢铁企业高能耗、高排放的特点，越来越与上海城市发展规划相左。最后导致企业的创新发展常常与城市规划背道而驰。从“十一五”期间，宝钢就在逐步计划搬迁，将主要的生产撤离上海市区。

自上而下的贯通和一致性虽然暂时是一个“短板”，但是国家层面已经确立了发展规划。相信随着不断摸索和发掘，这一缺陷可以得到有效的弥补。毕竟我国行政体制是非常高效的，一旦顶层设计有了明确的方向，实施推进将会有章可循。

二、缺乏有效抓手

梳理现有的国有企业创新支持方法，不难发现现今的政府部门对国有企业尤其是大型国有企业的控制和管理是非常有局限的。主要的原因如下：

第一，行政级别。由于国有企业采取体制内的编制，那么一些国有企业的行政级别实际上并不低于一些政府管理职能部门。而对于大型国有企业来说，行政级别甚至高于地方政府的级别。此外，中共十五届四中全会通过的《关于国有企业改革和发展若干重大问题的决定》和中共中央办公厅印发的《关于在深化国有企业改革中坚持党的领导　加强党的建设的若干意见》中，将政府用行政手段对企业内部管理的干预进行了限制，换言之，自改革开放以来，国有企业内部管理更加趋向自主。国有资产或者政府机构则更趋向于通过调整方针和政策对国有企业的发展进行调整，日常运营事务则由国有企业内部管理层决定。因此，当大型国有企业和政府行政机构级别相当或相差无几时，行政手段很难改变大型国有企业的具体运营流程。

第二，方法老旧。先前在介绍创新激励时阐述了政府如何从认识创新、重视创新，到下大决心发展创新的过程。可以看出，早期的行政手段立竿见影，而到了后期创新形势复杂，老旧的手段很难见效。现有的手段如资助科研项目、技术岗位编制数量改变、直接的资金投入等方法在改革开放早期阶段就已经使用。现行的创新支持手段与早期相比无非是资金量或编制数量上有大幅度增加，但本质并没有任何区别。

现在的商业环境要比几十年前复杂许多，尤其是信息技术的进步，生产者和消费者的信息更为透明，加上日益强大的物流网络，整个商业的效率相比以前大幅提高。消费者对产品和服务的期待、企业的压力、产品服务的迭代更新、新产品的开发都在这样高效的大环境下不断升级。显然现有的激励政策很难满足复杂动态多变的环境，研究新的政府创新激励方法迫在眉睫。

第三，投资效率低下。虽然创新不应该被折算成价值来计算，但必须对创新和其预期结果有一个比较公认的衡量标准。比如，特斯拉公司是新能源汽车创新企业的标杆，虽然从其成立至今，财务仍然处于亏损状态，但其股票价格逐年稳步上升。股票价格实际上反映的是市场对其创新所抱有的信心，这种难以捉摸、难以表述的信心通过股票价格可以准确地表示出来。这样也容易将特斯拉公司与类似的公司，比如微软公司进行比较。可见，创新的结果必须通过某个指标进行衡量。

然而，政府创新支持最缺少的就是结果衡量。某个项目完成了，那么结果如何？是否有创新？这种创新是否会带来价值？创新能否提升国有企业的竞争力？这些问题无法衡量更难以追述了。长此以往，国有企业对政府支持的手段了如指掌，常常通过各种名义申请、申报政府的各种支持。最后政府的创新支持成了企业收入的一个来源，而至于创新效果如何，最后也只能落得不了了之的下场。

总而言之，政府的创新支持缺少抓手、方法老旧、效率不高。

三、缺乏有效的资源管理机制

政府支持国有企业创新，其本质还是由政府向企业提供一部分的资源。然而作为行政机构，政府本身无法生产大量的资源。那么，政府的资源从何而来，由哪个部门管理呢？这些问题以前并没有得到深入的分析。首先，所谓政府可调配的资源其载体不一定是政府部门。尤其是技术和人才这样的资源，其载体往往是高校研究所等独立于行政机构的事业单位。从现有的政府机构划分来看，创新所需的资源究竟归什么部门所有也是非常模糊的。科技部拥有大量企业信息，对企业创新发展方向有一定的把握，但具体如何推进实施，科技部并没有很好的解决办法。人力资源和社会保障部掌握了一部分人才资料。然而在纷杂的人力资源数据中，要筛选出某个行业的创新人才并不容易。其次，财政部作为最高的资金预算部门，掌握着每年用于创新投入资金的极大权力。然而光靠财政部只能对资金分配和使用做出审计结算，无法对创新项目的成果做出客观公平的评价。最后，教育部拥有我国高校研究所等科研机构的人事资源，如何调配这些资源使其推动创新方面的人才培养，如何匹配现有的研究成果与企业需求，这些问题都需要系统地解决。

对于创新资源的管理，主要责任还是在政府部门。用资源分类的方法，可以把创新资源分为人力、物力和财力。改革开放后，我国经济发展成绩卓越，物力和财力事实上都有了一定的积累，分拨部分用于支持创新并不太难。物力和财力资源的管理和分配权力比较松散，财政部门通常掌握着经费预算的权力，而设备物资权力却掌握在其他行政机关手中。可见，政府内部还缺少针对创新的协调管理机制。人力资源是企业创新能力的核心，人力资源归国家人社部管辖，对人力资源有控制权，对于创新人才除了给予少量的资金扶持以外，没有更好的细分评估和归类，很难做到精确的创新激励和人力资源重新调配。

本章小结

本章主要从政府的角度分析了创新支持存在的问题。对于国有企业来说创新的责任主体不仅在于企业本身，政府和行政机构在国有企业创新中同样起着十分重要的作用。由于国有企业受到所有制的约束，许多创新能力建设往往无法独立完成。因此，相比其他各种类型的企业，国有企业需要政府在创新支持上给予一定的支持。

本章分析了我国政府对国有企业创新支持的历史现状，国有企业历史悠久，许多国有企业长期以来也受到了政府部门的各种支持。主要将国有企业创新发展与整个国家经济结合分成了四个不同阶段。这四个阶段的主要目标非常明确，第一阶段就是增大产量；第二阶段是提升技术水平；第三阶段强调科研投入和体制创新；第四阶段是推广大众创新，从创新中挖掘新的生产力。这四个阶段层层递进，对创新的要求也不断提高。我国现在正处于第四阶段的初期，需要对新的创新形式有更清晰的认识，更要提升政府和企业的创新管理能力。

从现阶段来看，政府对国有企业提供的创新支持手段虽然多元化，但本质仍然是以资金支持和政策偏袒为主。这种支持方法虽然针对性极强，但由于评选审核等实际操作十分复杂，这种支持落到基层往往被简化为金钱鼓励和垄断保护。许多国有企业将创新支持视为一种额外收入途径，在国有企业中实际的创新效果并不理想。本章从现有的文献分析各种创新手段存在的利弊，并指出现行的支持方法推进时遇到的困难，今后必须得到改进。最后，本章梳理了政府发展新的创新措施时需要注意和避免的一些问题。

第五章　上海市政府对上海机场集团创新支持的案例

上海是全国创新创业发展的重要基地。新中国成立初期上海云集了大量国有企业，这些企业在当时为全国的经济建设立下了汗马功劳。然而随着社会的发展和进步，大量国有企业退出了历史舞台，但也有一部分优秀的国有企业在上海这样的国际一流大都市依然显示出持续的活力。与此对应的是，上海市各级政府在国有企业改革和创新的道路上一直走在全国前列（王蕾、顾孟迪，2014），历年来累积了不少经验和教训。回顾上海机场创新发展的各个阶段，有许多值得学习的经验。本章就以上海机场集团的创新能力发展为例介绍上海市政府如何在企业创新各阶段提供支持和帮助。

第一节　上海机场集团介绍

上海机场集团是典型的国有企业，自成立以来，所有权一直属于上海市国有资产监督管理委员会（上海市国资委）。1997 年一部分资产在 A 股上市，即股票代码为 600009 的上海机场。上海机场集团拥有浦东国际机场和上海虹桥国际机场两个机场。平均每月起降飞机架次超过 6 万架，旅客吞吐量超过 1 亿人次，货运吞吐量在 400 万吨左右。无论从航线量、飞机起落次数，还是从旅客和货运吞吐量来说都是世界首屈一指的机场运营公司。从国有企业创新的视角来看，上海机场集团在短短的几十年中，从一个仅虹桥一条跑道的小型机场一跃成为世界一流的大型机场集团，其中包含了大量的创新工程，可以称得上是一流的创新企业。

从实际运营来看，上海机场集团下属多家子公司，如上海机场贵宾服务有限公司、上海机场广告有限公司、上海浦东国际机场佳美航空食品配餐有限公司、上海机场国际航空食品有限公司等。其业务更是覆盖了航空货运、贵宾服务、广告服务、航油服务、地面代理、配餐服务、控制区通行证等多个领域。这些大大小小的子公司和分公司又按照职能和地区被划分为建设指挥部、股份公司、虹桥公司、实业公司、货运枢纽、临空产业、贵宾公司、监察支队和机关本部。上海机场集团是现阶段大型国有企业的缩影，实际上一些大型国有企业的组织结构要比上海机场集团更复杂。

上海机场集团的发展与上海城市的经济发展紧密相关。企业的成长过程也见证了从改革开放以来逐渐走向繁荣和富强的上海城市发展。从发展的角度来看，上海城市的飞速发展，也倒逼着机场集团不断进步以配合城市的超大货运和客运吞吐量。又由于机场集团本身就是国资全资控股，如果上海机场发展跟不上城市节奏那必将拖累整个上海经济的增长，因此上海市政府对机场发展也高度重视，在各个阶段给予了机场集团各种类型的帮助和扶持，为上海机场业务扩展和创新发展扫清了许多障碍。

上海机场集团有两个机场，上海虹桥国际机场（代码 SHA，以下简称虹桥机场）和上海浦东国际机场（代码 PVG，以下简称浦东机场）。虹桥机场早在 1921 年就建成使用，是当时国民政府的重要空军基地，后又直属于民国交通部民用航空局。1950 年重建完成，其主要功能仍然是军事机场。随着新中国成立后航空科技的引进与发展，1963 年，中国和巴基斯坦两国政府决定开通上海至卡拉奇国际航空线。自此，虹桥机场逐渐成为军用和民用混合使用的机场，一直到 1971 年虹桥机场从军民合用改编为民用机场。随着机场使用性质的改变，中国民用航空上海管理局作为机场的主体拥有者正式接管了虹桥机场。随着改革开放的推进，虹桥机场历经了多次扩建和改造。1994 年 12 月 26 日，机场由中国民航总局交给上海市人民政府管理，从此可以认为虹桥机场是一家正式的国有企业。至今，虹桥机场已经成为现代化的国际机场，跑道长度已经达到 3400 米，航站楼面积 8.2 万平方米，机位量 66 个。随着 2016 年改建的完成，虹桥机场已经是配套设施齐全、现代化程度首屈一指的国际机场（见图 5 – 1）。

上海机场集团拥有的另一座机场是浦东机场，该机场于 1999 年建设完成。1999 年金茂大厦也建设完成，浦东机场与金茂大厦等大型建设项目是当时上海市政府的重点规划项目，旨在改造城市整体面貌、提升城市综合实力。当时浦东机场建成投入使用时只有一条跑道和一座还没有整体完工的航站楼。但随着上海经济的快速发展、货运量和客运量的激增，浦东机场很快进行了扩建，到 2008 年奥运会之前，浦东机场完成了包括第二和第三跑道、西货运区的扩建。第二航站楼也正式投入运营。上海的经济发展从未停止过脚步，浦东机场也担负着上海客运货运的枢纽功能。浦东机场南机坪于 2014 年投入运营，东机坪于 2015 年投入运营。近年来，浦东机场已经成为华东地区核心的对外枢纽港，客运量不断上升，许多航班已经无法配置廊桥，必须依靠机坪大巴接送上下飞机的旅客。2016 年，浦东机场航站楼裙楼扩建工程启动，旨在增加登机口数量，提高客运吞吐量。

可见上海机场集团的建设始终伴随着城市的发展。不得不承

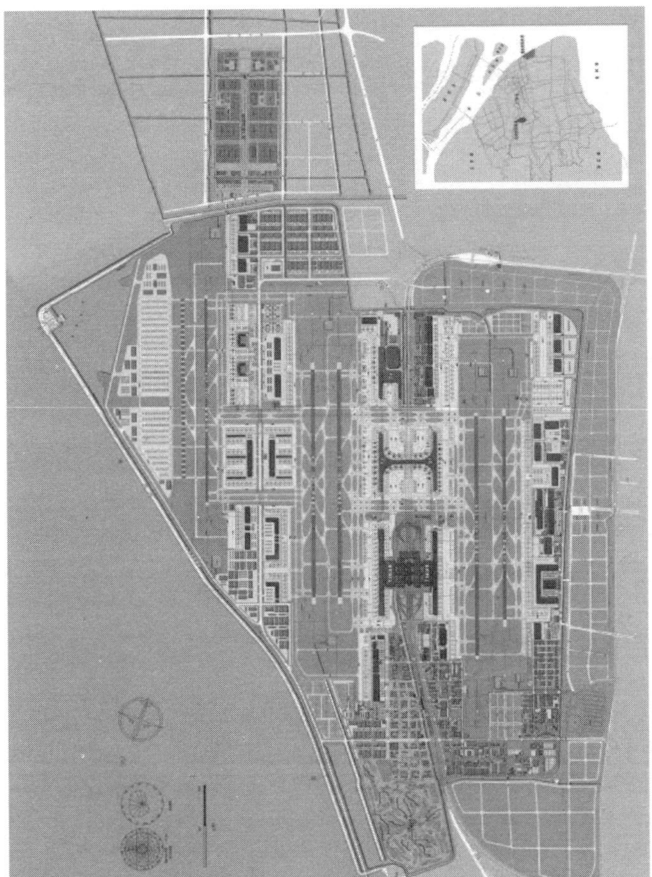

图 5－1　浦东国际机场总体规划图

认上海政府在机场与城市的功能协调上有着深刻的理解，机场集团与上海的经济始终保持着同步发展的态势。

第二节　上海机场集团创新发展历程和政府支持

从上海市政府正式接管上海机场集团开始，牵涉到许多创新项目，其中不乏可圈可点之处，同时为我们累积了许多经验和教训。

一、创新与长期规划

上海市政府正式管理虹桥机场时已经意识到单单依靠虹桥机场的运力是无法满足上海未来发展的。上海机场后期的发展体现出政府在大型创新项目上的前瞻性和长期规划能力。

浦东机场的建设并不是单一的城市大型项目，当时东方明珠刚刚建设完毕，市政府正在雄心勃勃地要将上海打造成国际一流大都市。金茂大厦、世纪公园、人民广场改建等一系列项目得到推进。机场作为国际运输的枢纽，当时最便捷的方式是扩建现有的虹桥机场。虹桥机场的扩建无论从经济和土地使用角度来看都是非常合理的。然而从长远来看，虹桥机场客运量不断增加会给延安路高架带来更大的压力，使上海的西入口长期处于拥堵的状态。虹桥机场大规模扩建还会挤占现在的虹桥火车站空间，显然当时已经设想了在虹桥同时设置火车站和机场的陆空联运功能。

而浦东机场的建设可以比较好地解决这个问题。虽然前期投入十分巨大，包括 S1 迎宾高速建设、外环路修建、后期需要延长地铁二号线等，但可以带动上海东南部（南汇）的发展和未来土地利用。今天看来，这个决策十分正确。无论是后来的张江高科、上海野生动物园还是迪士尼乐园、自由贸易区等都与机场设定在浦东有直接关系。浦东机场的选址和建设是当时极具创新的政策举措，充分体现了当时上海发展的长远目光和长期规划能力，上海机场地理位置如图 5 -2 所示。

图 5 -2　上海机场地理位置

二、协调其他职能部门

浦东机场建设完成后最大的困难是与城市中心的连接，此项工作需要调动社会多方面的资源，仅仅凭借机场集团本身是很难完成的。传统的方法是靠高速公路连接城市和郊区机场，这样的模式在全国乃至全世界的各大城市非常常见，比如从广州市区去往广州白云机场必须经过收费的机场高速。而浦东机场建设一开始就设计了以公路运输为辅助的多样化交通解决方案，而且为了带动周边的发展，高速公路不设计成收费公路。这种创新的构建需要政府大力支持，尤其是在协调其他部门方面。比如，与路政部门进行道路建设协调，浦东机场投入运营时，S1 迎宾高速已经建成，并且可以连接到当时在建的上海外环线。后来又建设了华夏路高架，将货车与客车分离从而提升了运输效率。2002 年建成的上海磁悬浮列车，也是跨世纪的一个标志性工程，连接浦东机场和龙阳路地铁站。最大运能设计是二号线地铁，可直达市中心人民广场，为旅客提供了快速且廉价的乘坐方案。

显然，这些方案的规划超出了上海机场集团的范围。政府的职能协调使这种创新带来了良好旅客乘坐体验。大型的创新离不开各个部门的协调，对于国有企业而言，政府的协调是否充分与创新的效果息息相关。今天虹桥机场更能体现出多职能协调的成果，虹桥机场地区不仅有地铁、火车站等丰富的交通设施，还建成了国家会展中心等大型功能性建筑。

三、自主管理权限

国有企业是否应该有自主管理的权限，如果有，适当的尺度是什么，这个问题受到各界的广泛关注。学者比较推荐由政府和企业一起管理的模式（杜海燕、郭晋刚，1990）。然而这种方法虽好，但对于细节决策仍然需要层层审核上报，降低了决策的效率。上海市政府对机场的管理方法实属创新，将机场部分主体进行 A 股上市，通过公众化对企业进行监管。政府从日常企业决策中撤出，只需要把握发展方向。这种方式极大地推进了企业运营效率，并通过上市公司信息披露的手法有效避免了国有企业内幕信息不公开的问题。

此外，政府对国有企业另一个支持是给予足够的人事自主权。虽然上海机场集团由上海国资委控股，但机场集团拥有绝大部分的人事任免权力，此外还有相当大的编制调整权限。这为上海机场发展提供了源源不断的人才队伍，从而支撑了机场多年大规模的扩张和改建。

事实上企业的自主管理权表现在多个方面，不仅有人事任免权，还有财务预算的制定权和新项目开发的自主权。在上海机场集团的案例中，机场的重要收入是广告，上海机场德高动量广告有限公司就是一家上海机场与德高贝登户外广告有限公司合资的企业。机场集团本身并不熟悉广告行业的运营，该合资完全由上海机场集团自主完成，显示了机场在二级单位管理上拥有了相当大的自主权。德高一直以来为机场提供相关广告服务，2005 年正式合资成了德高动量广告有限公司，这是机场集团的一次大胆创新尝试，也标志着机场和政府角色的清晰划分。在 2000 年左右学术界对政企分开并没有十分清晰的界定和具体操作方法（张留禄，1997；许桂娟、梁洪学等，2001），而上海机场集团的下属子公司合资是一次非常成功的创新，上海市政府在此问题上表现出清晰的立场并给予了充分的支持。

第三节　上海机场集团创新难点

与其他大中型国有企业相似，上海机场集团的内部创新也面临着各种困扰和壁垒。图 3 - 1 中所总结的问题几乎全部可以在上海机场集团内部创新中得到体现。如前所述，上海浦东和虹桥两个机场欣欣向荣的根本原因是由上海经济发展的优越地位所带来的。上海机场集团本身的内部创新能力并不强，许多新流程、新方法的应用来源其他合作单位，更有一些创新项目直接以外包形式完成。比如，通过扫描二维码办理登机的创新就来自于航空公司的技术部门；电子化清关流程的创新来自于 FedEx 等一流货运公司的推动。

不难看出，上海机场集团的内部创新和发展往往是被动的，即由于外部的变化和施压导致了内部的改变。这种变化是通过自身的改变适应外部的变化，而非由内而外的主导改变。为了对上海机场集团创新能力和政府支持有更深刻的理解，必须能够深入企业获取一手资料。为此，我们设计了八个深度访谈，分别采访了机场集团规划部门高层和分公司经理。

一、调研访谈设计

笔者作为上海机场集团员工，利用在机场集团规划发展部工作的便利，采访了八位与机场创新项目有关的负责人。这些访谈都采用了半结构化的访谈方法，从多个层面挖掘上海机场集团创新项目中遇到的困难和问题。此外，由于工作的性质可以比较方便获取机场内部数据和文献资料。这些都作为深度分析的主要数据来源。

为了收集到可靠的数据，访谈（Interview）被推荐为比较可行的办法。访谈不仅可以在定性研究中揭示隐性要素之间存在的难以发现的关系，也能激发受访者的思维，收集到受访者的经验、感受和意愿（Scandura and Williams，2000）。

半结构化（Semi－structured）的访谈优势在于可以保证访谈的内容在设定范围内，而且访谈的时间可控制。本书中半结构化的访谈是基于文献的基础得到的，这具有十分重要的意义，因为创新能力的因素在许多方面已经被研究过，而且比较成熟，虽然对于国有企业的研究不多，但其总体框架还是比较明确的。

在这个阶段研究中，半结构的框架主要借鉴了全面质量管理的创新文献（Perdomo－Ortiz et al.，2006），其主要原因是，全面质量管理已经被上海机场集团所采用并贯彻了多年，许多机场流程的设计和执行就是按照全面质量管理进行的。因此 TQM 的涵盖范围可以用来分析上海机场的创新现状。

结合上海机场的实际情况，研究者做出了以下的半结构化访谈的模板，如表 5－1 所示。

表 5－1　半结构化访谈的模板

第一阶段	介绍研究目的、确保数据的隐私性
第二阶段	探讨政府和机场高层的支持对创新项目的作用
第三阶段	创新的动机
第四阶段	受到的阻碍
第五阶段	期望的支持方法
第六阶段	现有方法的局限性
第七阶段	改进的方向
第八阶段	对其参与的感谢并再次重申隐私性

研究者对八位参与者进行了采访，采访于 2016 年 12 月至 2017 年 1 月完成。为了保证访谈的顺利和受访者的积极配合，所有八位受访者都是通过面谈完成以上半结构化访谈，没有采用电话或网络视频等形式。采访的地点基本是机场的各个分公司的会议室。

通过八位受访者的参与，研究者收集了访谈对象对于创新能力有关的叙述。但这些都是原始数据，叙述较长，比如“领导的重视就可以很大程度推进我们的项目”、“客户非常希望我们改进货物区间运输的时间”等。为了便于后期分析，研究者对这些叙述进行了编码（Code），使之更加容易被整理和分析。

二、调研结果

研究者根据相关度将这些编码分为几个类别，这些类别可以被视为影响国有企业创新能力的几个重要因素。需要说明的是，由于这些描述中仍有些描述不清晰或者“跨界”的编码。因此，在这些归纳出的因素中，一些描述会出现在多个因素中。这种情况在多个研究中尤其是定量的实证研究中经常出现，处理的方法是保留这些描述，承认其涉及多个因素，或者提出这个描述项，从而保持因素的易于区别。这些编码归纳如表 5－2 所示。

这些描述基本围着八个方面的内容，分别涉及了管理者（领导）、员工技术水平、创新项目管理、企业制度、业务流程、外部联系、信息和创新的包容性。可见，有效的政府创新支持可以在介入时改善这些方面的表现。

这个结构基本符合调研时采用的研究方法，这些描述项目的归类也有据可循。需要注意的是，管理者在国有企业中扮演的角色非常重要，与管理者相关的描述项个数达到 7 项，其余的项目也多多少少与管理者有一些关系。这个情况在其他研究中没有出

表 5－2 各描述项归纳

因素集合	描述项						
管理者相关	管理者经验	管理者介入	管理者意愿	顶层战略	经费支持	程序审批	预算
人员技术相关	技术培训	人事制度	创新能力培训	技术应用	新人招聘		
创新项目相关	创新经费支持	创新项目审批	项目招标	预算			
制度相关	企业文化	失败包容	赏罚	组织关系	组织结构	预算	
流程相关	程序审批	流程更改	运营范围	长期效果			
外部联系相关	服务商联系	反馈制度	反馈修正	信息平台	客户联系		
信息相关	信息速度	信息平台	信息质量	IT 系统			
创新包容相关	新思维	新设计	失败包容	赏罚			

现，但实际上非常符合上海机场集团，或是一般国有企业的现状。这反映出领导在企业创新能力发展中有着非常关键的作用，换言之，国有企业领导如果自身没有创新意愿，只求稳定，那么该国有企业是不可能出现优秀的创新项目的。这是由于国有企业具有一个层级分明的管理制度，国有企业领导一般也握有极强的行政权力，包括人事、决策、预算等，通常领导对创新的推进与否是有决定权的。

另外，需要阐明的是，许多描述项的提炼是保留其名词而去掉了对这个名词的形容。比如“新思维”被列为了描述项，而实际上研究者得到的反馈是负面的。实际情况是参与调研的人员批评上海机场集团创新思维缺乏。其他的描述如“企业文化”、“组织结构”等都是负面的描述。如企业文化不鼓励创新，按部就班、墨守成规是机场集团的现状；组织结构非常僵化，人员无法在不同项目组中发挥专长等。

其中也有一些正面的描述，比如“项目经费支持”就是由支持力度大、创新项目非常容易申请到等描述。因此表 5 – 2 是由多个描述项而组成的因素结构，本身并不带有褒义或贬义。

第四节　上海市政府支持方法

从先前的结果来看，政府支持应该有针对性。通过一些行政手段可以有效提高员工技术水平、创新管理能力等八个方面。然而回顾上海机场集团的创新发展历程，其中一些政府支持方法并没有达到预期的效果。从先前的访问中也有多次提及期望有其他方式的政府支持。以上海机场集团为例，可以总结出三点有关政府支持的宝贵经验教训。

一、知识分享

上海机场集团与其他大型国有企业有一个共同的问题，就是将管理的精力过分集中于企业的平稳运营上。苦心经营的确带来了基础设施安全的保障，然而同时忽略了日新月异的新技术。长此以往，由于自生知识产生的速度远远不及外界的发展，其知识只能通过高额支出获取。

机场集团每年聘请大量业内外的咨询公司提供知识服务。以集团下属的一个分公司为例，上海机场集团物流规划管理部，在2016年规划项目达到30多个，其中外包给咨询公司的项目就达到20多个。从访谈中也获知，虽然咨询公司完成的项目水平较高、参考价值大，然而由于机场集团自身知识储备的缺陷，往往无法完全消化咨询公司给出的解决方案。

从历史来看，上海的政府机构已经从国有企业日常运营中抽出身来，不再干预企业具体流程。因此，企业知识累积和管理的工作，实际上政府不会过问。再从知识掌握程度来看，政府机构对于航空等专业领域的知识储备是不及机场和航空公司这样的企业的。可见，政府对企业知识累积的支持比较缺失。

二、多组织协调

先前章节在介绍浦东机场投入运营的内容中介绍了上海政府优秀的规划能力。比如在浦东机场建设完成后，迎宾高速、华夏路高架、二号线延续、磁悬浮等相继投入，再有虹桥机场及周边的长远规划。这些超级大项目的规划离不开政府在多个部门和组织之间的协调。然而这种协调能力在项目规划时有很好的体现，而在后期运营中的协调有待提高。

在调研过程中，参与者叙述了这样的情况。在加快货物通关项目上，由于航空公司、货运公司、机场、海关、商检等部门的信息系统各自独立，而货物的通关时间大部分浪费在了部门之间纸质单据的传送、审查、录入等流程。如果可以打通各系统，那么进出上海口岸的空运货物速度和效率将大大提高。对于这样涉及多组织协同的项目，单靠某一个组织自身很难完成，必须依靠政府部门牵头和投入才能改善。然而实际情况并不理想，政府只是提供了平台，让各个组织协商解决方案。由于任何一种解决方案都会改变某个或某些组织的日常操作流程，因此短时间内不可能达成可行的解决方案。

由此可见，政府的协调能力是有限的，大部分集中在规划筹建阶段。在实际运营过程中，往往通过下属的管理委员会进行协调。管理委员会虽然直属于政府，但本身行政级别有限，调动资源的能力也不够，导致在国有企业运营过程中，涉及多个组织的协调较难推进。

三、创新预算过于分散

事实上，政府对国有企业创新直接和间接的资金支持总量上并不少。除去大型建设性的项目，有许多资助是用于国有企业内部流程创新、产品开发、制度改善等。但是这些资金通常被企业内部多个创新项目瓜分。实际结果是创新的项目琳琅满目，为了公平起见，每个项目获得的资助大致又都相同，也都不多。这些预算并不能实际支持创新的产生。此外，由于项目过于繁多，政府往往无法对项目进行筛选，资助的项目经常出现方向相反、互相矛盾的情况。

以案例中上海机场集团为例，除去基础建设项目每年以创新名义的项目多达上百个外，有些项目只是单纯为了获得政府资助。由于这些项目的申请并不需要机场集团承担费用，反而可以增加收入，因此机场集团对这种创新项目所抱有的态度也是多多益善。更不会对创新进行筛选，找出那些适合企业发展方向的、有价值、有意义的创新点。

这种情况在大型国有企业中非常普遍，中国移动广东分公司每年创新项目可达上千项，其中包括资费改革、人事制度、广告投放等各类项目。许多项目都牵涉资费变化，它与消费者息息相关，但这些创新项目之间缺少沟通，往往会产生一个手机需要安装多个应用程序，再加上官方网站和支付宝、微信公众号等通过第三方平台，其产品往往让消费者感到复杂和迷惑。可见，政府对运营中创新的支持非常有力，但对其筛选和执行缺乏监控能力。

创新投入的预算非常需要分散化管理，也就是将有限的资金投入到各个不同的创新项目中。这样一方面提高了创新的成功率，另一方面也为组织中创新发起的个人和团队提供了相对公平的环境。然而分散管理预算的弊端在于，某个创新有成功的迹象，需要追加投资时已经无法获得了，只能推迟到下一个预算周期。可见，现行的预算方法虽然覆盖面较广，但灵活性有所欠缺，无法及时地根据成功概率动态调控支持预算的额度。当组织中有多个创新项目同时进行时，需要一种更灵活、更有效的预算分配机制。

本章小结

本章以上海机场集团为切入点，分析了政府的创新支持对企业所起到的作用和存在的局限性。通过调研访谈和问卷的方法找到了政府的支持手段在实际操作层面上所存在的问题。从分析的结果来看，政府投入的初衷和实际产生的效果之间存在很大的差异。其中，许多问题可以在政府层面解决，比如将简单的资金扶持改为购买服务等。这样可以大幅度增强创新在实施阶段的推进，对创新项目也会带来更大的帮助。

本章以上海机场为案例，通过调研和访谈归纳了国有企业创新过程中八个主要因素，分别是管理者（领导）、员工技术水平、创新项目管理、企业制度、业务流程、外部联系、信息和创新的包容，由此可以明确政府创新支持的针对性。此外，本章还分析了政府对国有企业的支持存在的一些问题，主要归纳了三个值得反思的教训，即知识分享、多组织协调和创新预算分散化，这些问题为今后改进提供了明确的方向。

值得一提的是，在上海机场案例中可以看到，上海市政府的创新方法和理念正在慢慢进步。比如已经逐渐重视知识分享和多组织协调的重要作用，通过组织各类国有企业、机关单位和事业单位的联系互动，增强各个领域的交流从而促进和激发创新的产生。通过这种方法，强化政府对于创新资源的管理和调配能力。案例中还提及了一些其他可以参考的创新方法，比如预算制定和奖惩制度修改等。从本案例中还能看出，企业应该增强创新的意愿，只有这样才能与政府部门形成更好的配合，推进创新的产生。大型国有企业必须从由社会和市场拉着走转为推着走。

第六章　国内外政府创新支持的启示

政府支持国有企业创新在全国乃至全世界范围内都广泛存在。比如日本的 NHK 电台、英国的 BBC 公司等，但我国的国有企业与这些组织不同。国外的国有企业主要指的是国有资产占股份，比较典型的是房利美（联邦国民抵押贷款协会），或者是依靠政府拨款运营的组织，比如 NHK 日本放送协会等。国外的国有企业领导者和管理方法受到的约束比较少，基本与一般的公司或者组织没有太大的区别，只是国有控股而已。而我国的国有企业本身就是国家的资产，不但运营方针由国家指定，而且领导人基本由政府委派。除此之外，企业还需要承担相当一部分的社会责任，以上海机场集团为例，承担了华东地区主要的航空枢纽功能。

本章内容分析国内国外三个案例，分别是日本的 NHK 电视台、中国石油化工集团公司和英国皇家邮政局集团公司。案例的选取主要遵循了三个原则：第一，对于政府的创新支持有一定的经验。在这三个案例中，英国的皇家邮政局集团公司和日本的NHK都是老牌的有政府背景的企业，历经了多届政府。日本的NHK有近百年的历史，英国皇家邮政局集团公司的历史更是可以追溯到1516年亨利八世，至今已经有了500年的历史。在漫长的历史时期，经历着各种变革，企业性质也在不断发展转变，也为政府创新支持提供了大量经验和教训。第二，所处的行业技术发展迅速，创新迭代速度较快。政府创新支持面临的最大一个问题就是创新迭代速度太快，尤其是对于一些效率低下的政府部门来说，刚刚一个创新项目完成，改革就迫在眉睫。政府的支持手段，如何面对创新的迭代，是创新支持中值得研究的问题。NHK和中国石化的案例集中体现了政府创新支持与技术的关系。NHK建立的100年中，无线电通信技术迅速发展，从先前的单声道无线电广播到现在的高清数字传播，技术发展日新月异。对这样的环境，NHK不但可以应对迅速的变化，更可以主导技术的发展。另一个案例中国石油化工集团公司更是在短短几十年时间内，从技术白手起家到现在成为国际一流勘探、开采、炼化企业，其中政府支持起到了相当关键的作用，十分值得参考。第三，考虑不同的政府形态对创新支持的作用。虽然本书的研究集中在上海作为地方政府对国有企业可采取的创新支持方法方面，然而从其他的政府形态中也能得到极具参考意义的经验。比如，中国石油化工集团公司，就是以国务院牵头，各级政府支持的企业。NHK体现了日本政府从战后的贫弱到逐渐富强的整个过程中如何持续有效地支持企业创新。英国皇家邮政局集团公司更是经历了封建皇权到今天各种形态的政府，企业也经历了如多次战争、工业革命等历史转折时期。

通过这三个案例的分析，不仅可以深入了解不同阶级、不同社会体制、不同社会资源的政府对于国有企业创新支持的有效方法，更可以了解企业创新如何积极地面对历史转变。分析这三个企业对于上海市政府来说是非常有必要的，上海市政府虽然属于地方政府，但是行政的范围和权力远远大于其他一些地方政府。不仅如此，上海市政府在中国政坛的影响力极大，上海市政府的意见，往往会被国务院和中央政府采纳并形成可推广、可复制的政策。因此笔者认为只参考地方政府对企业的支持是远远不够的，也不适合上海市政府发展所面临的现状。案例分析，选取了三个案例从中可以总结出有价值的经验和教训，为以后上海市政府创新支持提供良好的理论基础和参考方案。

第一节 日本政府与日本放送协会 NHK

日本放送协会 NHK 属于老牌的日本国有企业。早在 1925 年成立，其前身是日本国营部门东京放送局。迄今为止已经有近百年的历史。1950 年日本颁布了《广播法》（昭和 25 年法律第 132 号），规定原社团法人制度结束，改制成为广播协会制度。因此严格意义上来讲，NHK 是公共广播组织，而不是国营广播公司。但是，由于《广播法》规定了公共广播组织的非盈利性质，NHK 不能从广告获得收入。对于电视台来说广告一直以来是最主要的收入来源，我国从央视到地方台都是这个运营模式。而 NHK 与一般商业电台不同，必须向观众征收“收视费”从而维持日常运营开支。但是“收视费”征收成本高，NHK 必须以政府出资来维持。因此 NHK 一直以来被认为是日本的国有企业。表 6－1 显示了“收视费”的现行标准。图 6－2 表示了 NHK 在 2017 财政年度的收入与支出预算。

图 6－1　位于大阪的 NHK 大楼

表 6－1 NHK 收视费标准

Type of contract		Fee per month	Six－month advance payment	Twelve－month advance payment
Terrestrial Contract	Account transfer/Credit card	¥1260	¥7190	¥13990
	Postal order	¥1310	¥7475	¥14545
Satellite Contract	Account transfer/Credit card	¥2230	¥12730	¥24770
	Postal order	¥2280	¥13015	¥25320

资料来源：NHK 官网。

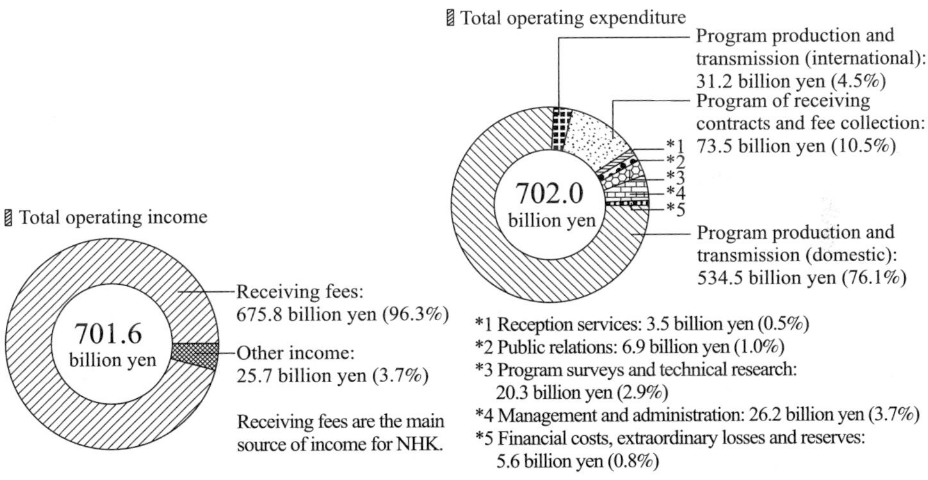

图 6－2 NHK 2017 财政年度预算收入（左）与支出（右）

资料来源：NHK 官网。

NHK 虽然被认为是国有企业，但其创新能力在日本乃至世界电视播放范围内首屈一指。作为公共传播机构，NHK 的创新不但维持了较为公正的立场，更扮演着日本大众文化生活的引导角色。日本政府对 NHK 的创新支持手段很多，其中一些非常值得借鉴。

一、政府职责与企业运营清晰的界线

NHK 作为依靠政府出资的企业，必然会被认为替政府说话。日本又是一个君主立宪制、多党制国家，因此，政府的理念和意见经常出现分歧。作为国资背景的 NHK 无论偏向哪个党派都会面临其他党派的指责。因此，NHK 在成立初始就寻求组织结构的突破与创新，由于国资背景，这种创新也必须在《广播法》的框架下进行，并需要得到政府的支持。

组织结构的创新比较缓慢，但一直持续着。政府的支持表现在允许企业独立运营，尤其是内容方面遵循客观真实，而非将广播机构纳为己用。因此在图 6－3 NHK 的组织结构图中，会长（President）不仅受到多方的监管，包括执行委员会、管辖书记处、风险控制委员会、内部审计处等，更受制于上层的管辖会和监察委员。

当政府和企业划清界线后，NHK 的运营过程中将一部分时间用来报道国会议案，而非党派的政治主张。其他时间可以放送完全独立于政治主张的自制的节目。这种模式与我国中央电视台、美国 FOX 频道、CNN 等有显著的差异。NHK 几乎没有政治偏向性，而后面几个电视台则政治主张非常明确。

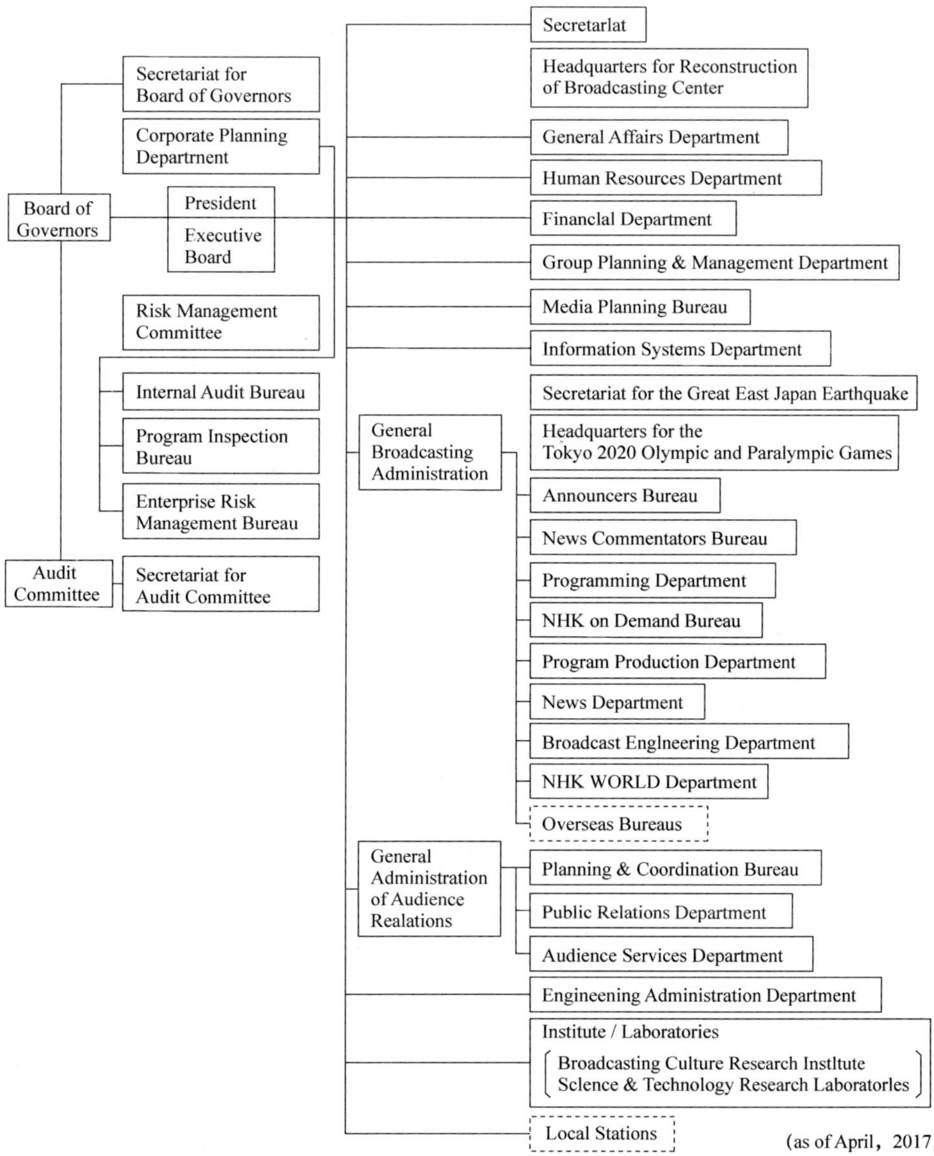

图6–3　NHK组织结构图

资料来源：NHK官网。

二、内容创新的包容性环境构建

NHK 成功将“政企分开”后，播放内容上创新不断涌现。作为公众电视台，NHK 实际运营内容已经超越了电视节目放送本身，图 6-4 展示了 NHK 涉及的运营领域。

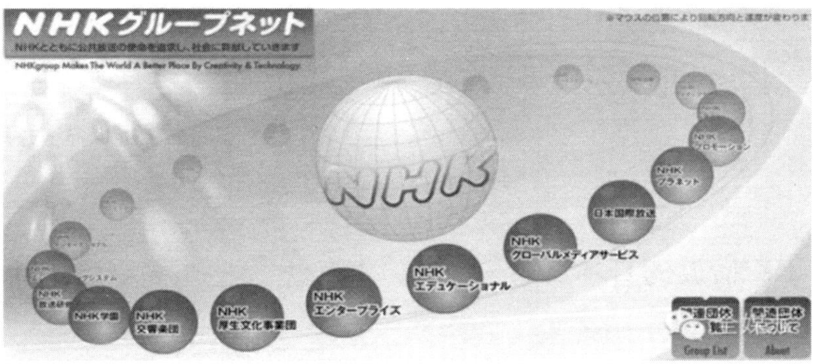

图 6-4　NHK 运营领域

资料来源：NHK 官网。

NHK 是非盈利性组织，其下属的运营子公司也并不以盈利为目的。这和我国国有企业运营方式不同，以上海机场集团为例，机场集团并不以盈利为目的，然而其下属的贵宾服务公司、餐饮配送公司、货运物流公司等都是以盈利为目的的。NHK 的公益性质和独立性质使其生产内容在经费允许的情况下不受到制约。

NHK 的纪录片选题、制作水平都是世界一流的。曾经拍摄的

《战后70年，日本的肖像》这样受到广泛国民共鸣的纪录片。这样的作品是很难在一个有着政治主张偏向的电视台中完成。此外，还制作了《漫长的丝绸之路铁道——横跨中国2600公里之旅》这样具有敏锐洞察性的作品。迄今为止，NHK已经拍摄了和中国有关的纪录片达6000多部，2017年于日本战败日上映的《731部队真相：精英医者与人体实验》更是又一次震动了中日两国。从纪录片导演的叙述中可以看出，这些作品的拍摄追求实事求是。作品主旨是展现证据、证词、证物和文献，而获取这些内容需要依靠政府的推进与支持。可以说，日本文化部对这类创新功不可没。

NHK播放的日本《红白歌会》是每年一次日本关注度极高的综艺节目，从1951年开始至今。这档节目是一个创新包容性极强的节目，每年参加节目的歌手年龄跨度极大，风格完全不同，有穿着卡通服装唱唱跳跳的少女组合，也有穿传统和服的老先生。如果政府不开辟包容接受的环境，这样的节目根本不可能走红。另外，创新包容性还表现在NHK制作和大量放送的卡通片。NHK还最早引进韩国电视剧，在日本引起了一股来势汹汹的“韩流”。

NHK内容创新还表现在除电视广播节目制作和播放以外的业务。NHK交响乐团是日本首屈一指的交响乐团，不仅水平一流，在全世界巡演中广受好评，还是一个向国民推广严肃音乐和普及乐理知识的重要窗口。NHK在日本国内还运营大量的剧院、剧场，其公益性演出的价格相对低廉，旨在为日本国民提供更多、更好的艺术欣赏机会。NHK 另一个创新之举是创办了纯科研性质的机构——NHK 放送文化研究所和 NHK 放送技术研究所。文化研究所负责研究社会类、新闻类、新媒体等领域的前沿问题。图 6 -5 是 NHK 放送文化研究所出版的学术刊物。

图 6 -5　NHK 放送文化研究所出版的学术刊物

资料来源：NHK 放送文化研究所官网。

先前对于我国国有企业的创新问题讨论中，一个重要的壁垒是我国国有企业知识累积和获取能力差。NHK 的研究所机制非常值得我们学习。

三、技术创新投入

日本政府长期以来支持新技术的研究并投入大量资源。NHK 作为国资背景的企业更体现出政府支持创新的背景。政府在技术创新领域中起了引导作用，日本作为资源极其有限的国家，创新支持能力尤其是技术创新支持能力十分有限。因此在技术创新上，国家导向十分明确，就是将资源用于电子相关行业的创新。这种明确导向性行之有效，战后日本索尼、松下、NEC 等电子行业公司迅速崛起，NHK 也在这样明确的指向下统一了创新的方向。

在 NHK 中，政府对技术创新的支持和投入可以从多个方面体现。比如协调内容生产企业与设备生产企业之间的关系，敦促达成共识。比如 NHK 与多家电视生产企业，如索尼等合作，不但日本生产的电视机集成了智能机顶盒与强大的解码功能，其电视信号源的制式与清晰度总能和电视相匹配。相比其他国家，收看电视信号还需要配备独立的机顶盒，十分不方便。除了协调各方以外，政府对组织中技术人员十分重用。NHK 现任的理事长（会长）是桥本元一，他原先是 NHK 的工程师、技术局长。这种技术人员担任最高领导在电视行业中十分少见。除了桥本元一，监督委员会和审计委员中也有多人来自纯技术背景。此外，日本政府还整合各方资源制定新的行业标准。比如在4K显示技术尚未普及的今天，NHK正在日本政府的督促下制定8K的显示技术标准，用于2020年东京奥运会的放送。

NHK在创新支持方面有许多优点和经验值得中国国有企业和政府借鉴。当然NHK也不是完美的企业，一直以来它也饱受各种争议，比如是否应该取消“收视费”、资金累积不足、抗风险能力差等。

第二节　中国石油化工集团公司

从现有的政府参与的企业创新研究文献来看，国有企业是一个比较笼统的概念，不仅指的是那些国资委控股的企业，还包括以政府机构为股权主体的其他国资背景企业。在英语的文献中这些企业被称为“State - Owned Enterprises”，缩写成SOEs。这些企业的特点是政府资本（State Capitalism）所有制。可见，这种定义是比较广泛的，其中不仅有通常指的国有企业，还包括事业单位、自负盈亏的职能部门和中央企业等。之所以将这类企业归类在一起，主要有三个原因：首先，所有制十分类似。虽然国有企业和中央企业所有制略有不同，但企业的所有者国资委和中央都有着十分同步的行动计划和战略部署。其次，管理制度非常接近。两类公司的管理方式都属于事业单位编制，即使一些国有企业进行了所有制改革，但整体人事制度依旧采取事业单位编制的人事管理办法。这种制度的最大特点就是用政府机构行政管理人员分级制度对企业员工进行管理。科级、处级、局级等管理人员散布在企业中的各个部门，不同的等级标志着人员在企业内部跨部门的行政层级和权力的高低。最后，企业文化类似。用行政手段管理企业的结果是企业效率大幅提高，同时企业文化偏严谨和遵守秩序。这是由于这类行政管理制度具有高权力距离（Power Distance）的特征。这类企业高层的执行力较好，然而底层的创新能力不容易被激发。

考虑到国有企业和中央企业有极高的相似性，尤其在创新能力管理方面两类企业都面临着内部创新乏力的问题。因此本章以著名中央企业中国石油化工集团公司为例，解析中央企业在创新管理中得到的各种经验。这些经验和教训对于大型国有企业来说有很高的参考价值。

中国石油化工集团公司也经常被称为“中石化”，是在原来中国石油化工总公司基础上重建的大型国有企业。另一部分重组成为中国石油天然气集团公司。与上海机场集团相似，2015 年对企业进行了部分上市，股票代码为 600028，股票名称为中国石化。其组织结构如图 6 -6 所示。

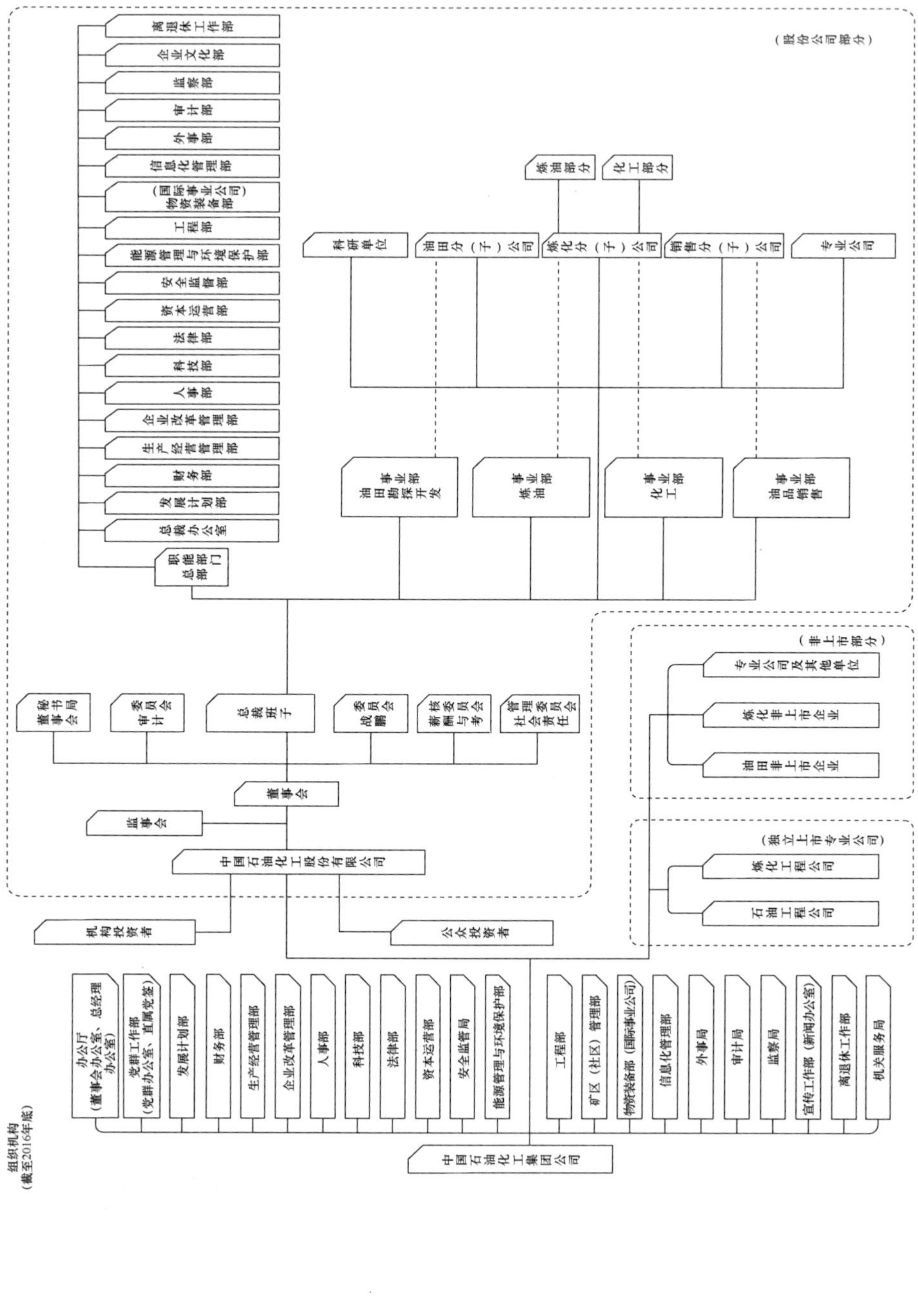

图6－6　中国石油化工集团公司组织结构

2016年，公司在《财富》世界500强企业中排名第四，在中国500强企业中排名第一。从企业的组织结构来看，并不复杂，分支遍布全国甚至国外，但其分公司的结构很清晰。中国石化之所以成为世界一流的企业，不仅是因为在国内拥有了垄断的市场地位，还与其不断的创新发展密不可分。本章提出三点中国石化创新成功之处。

一、创新的方向明确

中国石化原来是国务院直属企业，现在归国资委分管，但由于其石油价格的敏感性，至今仍然和国务院有着紧密的从属关系。在日常经营中，国务院国资委对中国石化的介入并不多，而在创新项目批准和筛选方面却给了十分明确的政策指导。作为一个超大型国有企业，其经营范围却不大，主要是以石油为主的能源勘探、开采、炼化、储运、销售工作。至今中国石化几乎没有与主营业务无关的产品和服务出现在市场上。相比其他国家的石化企业，以寻求经济利益为主，开发了如连锁超市、信用卡、各种添加剂润滑油等产品。政府的政策导向使中国石化的创新方向十分专一。也正因如此，中国从石油开采炼化技术的落后国家在短短几年内一跃成为拥有一流技术的国家。图6-7是中国石化江苏油气田开采，开采的设备和技术已经是世界一流的水准。

此外，由于初期的技术落后，国务院深刻地理解石化技术对现代化国家的重要性。因此，长期以来重视开采技术和炼化技术的创新与投入，每年国家科技创新奖中中国石化都能斩获多项。

图 6－7　中国石化江苏油气田开采

资料来源：视觉中国网站。

二、国际合作

对于中国石化这样的企业来说，技术和知识的缺乏是其必须弥补的漏洞。最有效的提高方法并非一味依靠研究能力进行突破，而是直接向先进技术拥有者学习。一直以来中国石化是海外扩张最主动的国有企业之一。这条创新路径十分有效，国务院的开明思想也促成了中国石化技术的快速发展。表 6－2 列举了国际化创新的一些重要事迹。

表 6－2　重要的国际合作创新

2000 年	中国石化在境外首次公开发行 167.8 亿股 H 股，募集资金 34.6 亿美元。同月 18 日、19 日，中国石化 H 股分别在香港、纽约和伦敦上市。杨子—巴斯夫公司成立
2001 年	中国石化集团国际石油勘探开发公司成立
2002 年	中国石化股份公司与电讯盈科有限公司合资组建石化盈科信息技术有限责任公司，签字仪式在京举行
2003 年	中国石化、埃克森美孚、沙特阿美及福建炼化在总部签署了福建炼化一体化项目扩展设计协议。福建成品油营销合资公司联合上报科研协议及石油产品销售协议
2009 年	中国石化集团公司高级顾问、中国工程院院士曹湘洪当选为美国工程院院士 中国石化成功收购总部位于瑞士的一家独立石油公司——Addax 公司
2011 年	中国石化收购 OYY 阿根廷资产成功交割 中国石化与荷兰帝斯曼集团合资建设的 10 万吨/年不饱和树脂工厂在南京化学工业园区正式奠基开建 美国哈特能源第 24 届大奖揭晓，中国石化获国际炼油公司卓越奖 中国石化提出建设世界一流能源化工公司的发展目标 中国石化与澳大利亚太平洋液化天然气有限公司（APLNG 公司）就 AOLNG 的 15% 股份认购项目完成交割
2012 年	中国石化与美国 Devon 能源公司签署协议，收购该公司在美国 5 个页岩油气资产 1/3 权益 中国石化与沙特阿拉伯石油公司、沙特基础公司在利雅得签署延布炼油厂合资协议和天津聚碳酸酯项目合资协议 中国石化收购 Galp 巴西资产 30% 权益项目在巴西和荷兰两地同时完成交割 中国石化成功发行 30 亿美元国际债券，这是集团公司首次进入国际债券市场进行直接融资 联合国可持续发展大会期间，中国石化在巴西里约热内卢发布了中国石化首份社会责任国别报告——《中国石化在巴西》 中国石化与澳大利亚太平洋液化天然气有限公司（APLNG）就增持 APLNG 公司 10% 股份项目完成交割

续表

2013 年	中国石化集团公司成功发行 50 亿美元国际债券，创造了亚洲公司有史以来单次最大规模、中国企业有史以来国际债券发行最低综合利率、首次浮动利率债券发行等多项纪录 中国石化炼化工程（集团）股份有限公司 H 股在香港联合交易所主板挂牌上市 中国石化化工销售（香港）有限公司与西布尔控股股份公司签署了关于橡胶厂股份公司股东协议，认购俄罗斯克拉斯诺亚尔斯克市合成橡胶厂 25% 股份 +1股并参与管理。此项目为中国石化第一个境外化工项目，标志着国际化业务开始向化工领域扩展 中国石化扬子石化与英力士合资建设的目前国内最大的 65 万吨/年世界级苯酚丙酮项目，在南京化工园区奠基
2014 年	中国石化凭借 2013 年在香港胶粒撒漏事件处理中的杰出表现，荣获 2013 年亚太地区品牌与声誉杰出成就奖（SABRE Awards）之危机管理和企业社会责任 2 项金奖 中国石化与美国阿帕奇石油公司在京举行收购埃及资产 1/3 权益正式交易交割仪式，标志着中国石化首次进入埃及油气资源市场 中石化休斯顿研究开发中心进展情况汇报暨揭牌仪式在北京、休斯敦、纽约三地同时以音视频会议形式举行。这标志着中国石化第一个境外研究机构正式成立运行，也标志着中国石化科技创新工作一个新模式的开始 中国石化与德国巴斯夫在茂名高新技术产业开发区为双方合资的世界级异壬醇装置建设工程举行了简朴的奠基仪式。这是我国首次引进巴斯夫先进的异壬醇专利技术，填补了我国在该产品生产领域的空白
2015 年	中国石化成功发行境外外币债券，其中美元 48 亿、欧元 15 亿。本次发行是亚洲公司有史以来最大规模的美元/欧元双币种债券发行，创造了亚洲企业在欧元债券市场上取得的最低发行利率纪录

续表

2016 年	在国家主席习近平和沙特阿拉伯国王萨勒曼的共同见证下，公司董事长王玉普与沙特阿美董事长范礼赫在沙特利雅得王宫签署战略合作框架协议 公司董事长王玉普与阿尔及利亚国家石油公司总裁马祖齐签署合作谅解备忘录 在国家主席习近平和俄罗斯总统普京的共同见证下，公司董事长王玉普与俄罗斯石油公司总裁谢钦在人民大会堂签署东西伯利亚天然气化工项目框架协议 由中国国家知识产权局和世界知识产权组织共同主办的第 18 届中国专利奖颁奖大会在京举行，中国石化荣获中国专利金奖 1 项、专利优秀奖 9 项

资料来源：中国石油化工集团公司官网。

三、高层支持

从公司的发展大事记来看，中国石油化工集团公司一直以来可以和国务院、国资委、发改委等国家高层领导组织保持统一步调。其中一方面反映出国家层面对这种关系民生问题的超大型国有企业十分重视。另一方面也体现了中国石油化工集团公司企业在创新发展的道路上始终可以保持与国家政策高度的统一性。大型国有企业应该利用好这样的自身优势。

上海机场集团也有同样的经历，在上海经济腾飞时，机场集团只有保持与地方政府发展方向的一致性，做出的创新项目才能受到高层的重视，从而扫清各种阻碍形成新的竞争优势。相反，如果创新项目与时代发展格格不入，那么受到重视的可能性则大大下降，其完成的效果也大打折扣。

第三节　英国政府与皇家邮政局集团公司

英国的皇家邮政局集团公司对英国的社会和经济发展起到了很大的作用。从历史来看，早在1516年亨利八世创建以来长期处于行业的垄断地位，即使在快件行业竞争激烈的今天，相比UPS、FedEx等快件递送服务企业，英国公民还是更加偏爱皇家邮政局集团公司。皇家邮政局集团公司对英国整个国家的影响可以说是举足轻重的，在2014年到2015年，英国皇家邮政局集团公司是英国经济的第六大贡献者。员工数量上更是极为庞大，英国每180个工人中，就有一个服务于皇家邮政局集团公司。大致对英国的贡献已经达到了11亿英镑左右，其中包括了就业、投资、采购和税务。

下属的包裹和国际信件分公司UK Parcels and International Letters（UKPIL），是英国最大的信件和快递服务公司。经过历年的累积其网络覆盖的范围处于绝对领先地位。下属的欧洲包裹公司（European Parcels Business）在欧洲覆盖了37个国家，并与各国各地区的邮政服务达成了合作或进行了收购。

图6－8　皇家邮政局集团公司递送服务

英国皇家邮政局集团公司的组织结构十分精练，历年来基本没有重大的变动（如图6－9所示）。其中集团公司对下属企业有着较强势的支配权，这种结构非常类似于中国石油化工集团公司的组织结构，总公司的权力较大，下属公司的发展路径基本是由总公司制定的。

其中下属的 Romec Limited 公司是一家为全球快件企业提供设备资产管理的公司。皇家邮政局集团公司对其拥有51%的股权。可以看出，该公司的决策权力仍然掌握在皇家邮政局集团公司手中。再从企业整体战略来看，皇家邮政局集团公司只专注于核心业务，企业的宗旨虽然多次变化但一直都是围绕着核心的包裹快件和邮件业务展开的。

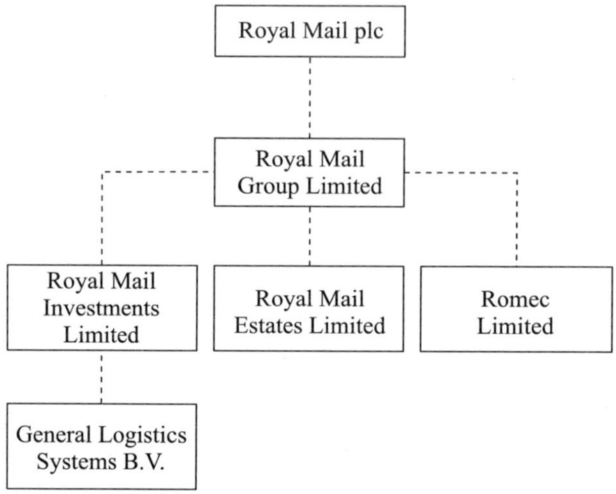

图 6－9　英国皇家邮政局集团公司的企业组织结构

资料来源：英国皇家邮政局集团公司官方网站。

一、开放垄断市场引入私营资本

皇家邮政局集团公司的每次创新都和政府有着紧密的关系，不仅因为皇家邮政局集团公司对英国的经济有着重要的影响，更是英国两党获取选民支持的关键之举。

1997 年工党上台后，并没有迅速推进皇家邮政局集团公司的私有化推进，采取的方法是保存国有但给予更大的权力和自由。这样的举措也促成了 2000 年企业正式上市。这样的经历与上海机场集团十分相似，就是为了系统地推进企业前进，并没有采取私营化手段，而是采取了更温和的公开上市方法。

公开上市是非常有效的创新推进方法。这样不仅保持了国家对于重要行业的掌控，也引入了新的力量促使企业创新转变。比如1999年皇家邮政局集团公司投资了针对互联网电子商务的ViaCode公司，其主要产品是针对互联网电子化的沟通提供信息加密服务。这样的项目即使放在今天来看也是非常具有创新价值和市场潜力的。

另一个创新就是在行业中引入竞争，2000年政府和皇家邮政局集团公司一起组成的邮政服务委员会开始对合格的企业发放邮件递送许可证。这标志着行业垄断的地位被打破，从交易费用理论来看，允许更多的企业寻求和满足市场变化带来的需求，可以降低市场运作的成本，对整个国家经济有着长远的利益。

这种主动开放市场引入私营资本的创新不仅对国家经济发展有利，对皇家邮政局集团公司本身也有很大的推动和激励作用。事实上，皇家邮政局集团公司的开放并非由于绝对垄断而造成企业内部腐败和僵化。皇家邮政局集团公司的经营理念和方法十分先进，开放市场是为了整个行业更快进步，绝不是仅仅为了体制改变，这与我国大型国有企业有所不同。市场的反馈也印证了皇家邮政局集团公司的行业地位，股票发行当日就上升了38个百分点，6个月后股票价格比发行价高出58%，最高时一度超过了87%。在这种稳健的市场地位下，皇家邮政局集团公司在政府的同意下还对企业所有员工开放了股权激励，大幅提升了员工对企业的信心，也激励员工有更好的表现。

二、同行合作

同行合作是我国国有企业发展的缺陷，即使是政府全资控股的企业，也不免出现恶性的竞争。皇家邮政局集团公司经过无数的历史变迁，在与同行的合作创新上有着独特的见解和处理方法，十分值得借鉴。可以通过特定的历史时期了解皇家邮政局集团公司的同行合作心得。

日不落帝国曾经的殖民地覆盖了所有的大洲，控制的地域之广大可谓前无古人、后无来者。皇家邮政局集团公司前身成立于亨利八世时期，到了殖民时期已经有了百余年的历史经验。广大疆域一直以来也要靠着皇家邮政局集团公司作为包裹信件传递的主要服务商。殖民地起初并没有发达的现代化邮政体系，因此，皇家邮政局集团公司不仅在殖民地建立了庞大的邮政机构。到英国撤出殖民地时，这些邮政机构的去留就成了问题。

英国政府与皇家邮政局集团公司的做法就是在撤出殖民地之前由英国政府出面，在当地政府的协调下沿用皇家邮政局集团公司的现代化体系。皇家邮政局集团公司提供技术上和管理上的各种支持，等到撤出后皇家邮政局集团公司要么仍然拥有当地的邮政系统，要么能与当地邮政保持极为紧密的合作关系。

至今许多国家仍然沿用英国皇家邮政局集团公司的管理方法和邮政制度，包括邮政编码方法、邮政区域划分、资费计算等。图 6－10 为马来西亚邮政和澳大利亚邮政。许多国家的邮政体系几乎和皇家邮政局集团公司可以做到无缝衔接。我国香港地区也是这样的情况。这种做法在推广现代化邮政的同时，也为皇家邮政局集团公司赢得了网络上的极大优势。

图 6－10　澳大利亚邮政（左）和马来西亚邮政（右）

英国皇家邮政局集团公司与海外合作尤其是同行海外合作的最大特点是政府出面。企业实际上借助了英国强大的外交实力帮助自己在海外开拓。我国中国石化案例中也有政府在海外扩展上参与的体现。这个经验不仅可以适用于高层政府对企业的支持，地方政府也可以吸取经验，由地方政府出面为所在范围内的企业通过合作谋求利益。事实上，许多英国殖民地当时的行政层级划分非常低，出面谈判的政府官员的级别也并不高。因此这种同行合作、异地拓展的创新支持工作，政府义不容辞。

三、递送新技术

邮件投递本身并没有太大的技术可言，然而邮件的运输、中转的效率就体现出邮政的实力。英国自工业革命以来技术快速发展，尤其是运输所用的交通工具。一般企业都会抵触新技术带来的负面影响，在我国国有企业中更是如此，因为新技术一定会带来体制上的改变。英国皇家邮政局集团公司的经验早已让他们破除了这种思想，事实上在500多年的发展过程中皇家邮政局集团公司都是技术的获益者，公司对技术的投入一直是不遗余力的。

英国的早期投送业务可以追溯到用马匹时代，随着自行车等技术的产生，皇家邮政局集团公司很快采用了这种新型的投递工具，并在各个街区的邮递员中投放。一直到2009年英国的部分街区投递任务仍然采用自行车。自行车在特殊的地区环境下有着不可替代的优势。皇家邮政局集团公司向来重视通过交通工具提高投送效率的应用。在航海时期，英国皇家邮政局集团公司与大量船只和货运公司合作递送国家快件。大不列颠岛上也是最早与铁路公司合作的企业，依靠铁路提升货运能力。铁路发展中后期，皇家邮政局集团公司在伦敦还拥有自行的邮件铁路系统，专为邮件递送服务，该铁路系统一直运营到了2003年才关闭。此外，皇家邮政局集团公司还是最早用飞机进行快件递送的企业。至今皇家邮政局集团公司已经拥有了包括汽车、轮船、飞机等交通工具在内的庞大运送舰队。企业本身也在研究交通工具技术的突破，以交通工具提升运送效率。除了交通工具以外，皇家邮政局集团公司也是投入到运送路线优化、信息系统建设等技术创新最早的企业。

本章小结

本章分析了国内外三个处于不同行业的大型国有企业创新发展的经验和政府创新支持有效性的方法。其中列举了不少值得学习的措施，比如，政企分开措施、创新包容环境建设、技术投入、政府主导创新方向、鼓励国际合作、获取高层关注等。这些举措都能有效解决先前上海机场集团案例分析中得到的创新壁垒问题。因此，这三个案例值得深入学习。

案例中三家企业都与上海市政府对国有企业创新支持有一定共性。比如NHK的政府包容性与政企分离做法就和上海市政府对待国有企业运营十分相似。第二个案例的中国石油化工集团公司也是中国背景。企业的组织结构是典型的中国大型国有企业结构，在创新执行和推广上对其他地方政府有很大的参考价值。第三个案例的英国皇家邮政局集团公司历史最为悠久，与政府的关系也最为紧密。其中有许多做法，比如如何对待海外同行、如何面对技术创新等问题，现在看来也是极其具有价值的。

第七章　政府创新支持的发展对策探究

通过先前的案例研究和分析，对企业创新的局限性和困难有了更深刻的理解。同时通过分析 NHK 和中国石油化工集团公司这样成功案例也吸取了政府创新支持的公共经验。本章的目的就是针对现在政府创新支持方法有限、效率低下的问题，提出了相应的参考对策。

第一节　创新项目数量与创新能力

通常情况下，人们会认为产品线越丰富，新产品越多，那么就代表了企业的创新能力越强。而事实上，我国国有企业担负着相当大的基础设施运营职责，其产品和服务涉及的范围十分有限。因此对于国有企业来说并不是新产品研发投入越大，就代表企业的创新能力越强。明确了创新项目数量和实际创新能力关系后就可以讨论政府是否应该广泛地资助企业的创新项目了。

实际上我国政府创新支持的人力和物力也是有限的，但现在评判政府创新绩效的指标似乎脱离了市场和实际的需求，常常以简单的量化指标为参考标准。比如某地区政府当年资助了多少项企业创新项目，这个数值越大代表该地区的创新支持工作越好。这两者其实并没有必然的联系。相反，政府应该集中资源，对有潜力、有价值的项目进行集中投资。这就牵涉另一个问题，如何筛选创新项目。

项目筛选从以上的 NHK 和中国石油化工集团公司案例中得到了充分的体现，归纳来看，创新的筛选不需要大量的专家进行认证和评分。相比之下更有效的方法是政府层面拟定创新发展方向，然后符合这个方向的创新项目就是可以被考虑的，反之则不被考虑。这样，创新项目即使再多也都朝着同一个方向推进。以 NHK 为例，独立客观的公众文化推广就是其主要的方向，在这个方向指引下，交响乐团、研究社、放送博物馆等项目虽然已经和本身的放送节目制作没有直接的关系，但仍然受到大众的喜爱而成为 NHK 强大的放送周边产业。中国石油化工集团公司更是体现了集中力量攻克技术难关的创新思路，前期的几乎所有的创新手段都是围绕提升勘探、开采、炼化等技术发展的，一直到后期技术水平整体提升后才更注重销售、社会责任、影响力、资本运作等方面的创新。

因此，对于政府行政机构来说确立大型国有企业创新发展的方向是十分重要的创新支持手段。这个方向需要与政府的地方政策、整体国家发展规划相吻合。只有在大趋势明确的前提下，创新创意才能更有生机、更有生命力。而现在的简单撒网式的广泛创新支持效果并不能令人满意。

第二节 创新包容性

在 NHK 的案例中日本政府对创新的内容具有相对强的包容性。这与日本社会整体比较开放有关（白景美、宋春艳等，2007）。相比其他类型的企业，提升包容性在中国国有企业中推进还存在一些难度，但也并不是遥不可及。作为以海纳百川而著称的上海更应在营造国有企业创新环境上尝试突破。创新环境不仅指创新内容的多样化，更代表对创新失败的包容和接受。以对上海机场集团的创新为例，上海政府对创新的包容性在不断增强，以前创新项目完全集中在机场运营方面，而现在越来越多的机场人文关怀创新项目得到了政府的重视。无论浦东机场还是虹桥机场人文艺术氛围更加强烈，不再是冷冰冰的航站楼。有了更多的人情味，也让来往的旅客感受到上海的海纳百川与博大关爱。

创新包容性的关键在于勇于尝试。对于新事物、新技术，国有企业的反应往往是滞后的，很难体会到先发的优势。国有企业领导一般也不愿承担创新所带来的风险，因此国有企业创新的包容性建设必须由政府牵头介入。政府需要对国有企业设置一定的容错性，即使创新失败也不会影响国有企业领导的个人的职业生涯。相反，一旦创新成功就可以获得更好的发展前途。只有这样才能真正改善国有企业内部创新环境。

第三节　知识获取与吸收

创新的关键在于新知识，在信息化的今天，知识传播迅速，然而知识的发掘和吸收仍然需要投入大量时间和人力。在案例分析中 NHK 和中国石油化工集团公司都拥有强大的科研队伍，为知识的积累提供载体，也发挥着新知识发掘的作用。但并不是所有国有企业都可以配备这样强大的科研团队。政府应该意识到知识在创新中的作用，针对那些无法自身配备科研团队的企业谋划对策。

NHK 的经验十分值得学习。NHK 成立历史悠久，成立初期并没有科研实力。NHK 的方法很简单，就是寻求政府出面合作的科研教育单位。这种方法也是今天所说的“产学研”结合。但是现在我们所说的“产学研”范围十分广泛，涉及企业运营的方方面面，而 NHK 的做法是直接委托研究和培养，比如日本著名筑波大学为 NHK 培养了播音、录影、导播、技术、营销等各方面的人才。在前期，筑波大学更是为 NHK 承担了许多科研项目工作。

可见在信息大爆炸的时代，政府已经无法掌握知识和技术。最可行的方式是由政府出面寻求长期的知识合作伙伴。这种方式远比聘请不同的专业咨询公司有效。这种创新支持并不需要消耗太多的资源和财力，是十分有效且值得尝试的做法。

第四节　创新协调

政府的创新协调能力是非常优质的创新资源。实际上，上海市政府在协调能力上已经非常出色，先前介绍的浦东机场建设和虹桥机场长远规划都体现出了上海政府出色的多方协调能力和长期规划能力。

然而这种协调能力在初期规划上体现得很好，但后期经营过程中就远远不如初期规划了。归根结底是政府对大型项目的管理方式略显陈旧。现在的做法是在大型项目初期由政府牵头，各组织高层参与并组成类似建设委员会的高层级行政组织，该组织拥有强大的社会资源调动能力。随着大项目建设完成和投入运营，这个高层级的组织就解散了，取而代之的是低层级的管理委员会（简称管委会）。而管委会因为行政层级不如大型国有企业，其所能调动的资源也十分有限，因此面对涉及多组织的流程创新改革时往往力不从心。对应的解决对策也很简单，跨组织创新的意愿强烈，创新潜在收益大时，政府再次召集各组织中的骨干进入管委会，同时提高管委会的行政层级。这样，这个问题的核心又回到了创新项目的筛选上，这一点已经在本章第一节中讨论过了。

另一种创新协调能力是国有企业组织内部创新协调能力。现在国有企业中有一个奇怪的现象，就是负责创新项目的人是“创新申请”专业户。其本身工作已经脱离了国有企业日常运营团队。这样的创新团队完成的项目即使成功也不可能投入实际生产和运营中，进而将创新转变为收益。这样的创新路径事实上十分危险，Cuthbertson 等（2015）对施乐（Xerox）进行了研究，发现施乐公司层级的创新能力极强，专利数量相对其他公司遥遥领先。施乐的一些研究项目今天看来都是十分出色的。如今风靡全球的苹果和微软，创始人乔布斯和盖茨都是在创业初期参观施乐帕洛阿尔托研究中心（Xerox Palo Alto Research Center），从图形化界面得到启发后才有了新产品创造灵感。以至于在科技界流传着乔布斯剽窃施乐的传说。早期苹果电脑系统和微软 Windows 系统都能找到施乐公司图形化操作系统的影子。然而施乐公司的强大研发创造能力并没有产出更好的产品，其中的主要原因是施乐帕洛阿尔托研究中心与施乐公司的运营部门几乎完全分割。这些优秀创新的最终成果成了大量的专利和一些没有投入实际生产的雏形。这种研发与运营的矛盾在企业中大量存在，即使是世界上最优秀的公司，也遇到过同样的窘境。比如苹果公司 Mac 的运营部门依靠 Apple Ⅱ型号电脑维持企业的运营，而研发部要求运营部门停止销售该型号，转而推广新研发的系列 Macintosh 电脑，为此公司内部产生过极大的分歧。

反观我国国有企业，虽然现阶段内部协调机制缺失或有各种不足，然而由于企业规模较大，企业内部权力距离（Power Distance）悬殊，这对推行协调机制是非常有利的。换言之，国有企业的组织形态和人员等级制度可以帮助提高协调效率从而快速达成共识。即使是大型项目产生分歧，也可以通过政府听证的方式迅速解决。此外，国有企业的内部协调能力还需要加强科研与运作的整合。以案例中的中国石油化工集团公司为例，其下属的独立科研单位已经有 9 家之多（如表 7－1 所示），这还不包括各地分公司中的科研部门。可见，现在的集团内部协调的关键应该从新技术研发转向新技术的应用，因此中国石油化工集团公司一味追求全国科技进步奖的数量其意义是有限的。再以上海机场集团为例，其分公司数量众多、业务跨度大，企业内部创新的协调应该由总公司直接控制，重点发展那些对航空运输有重要意义的创新项目，而对于类似航空餐饮等创新空间狭小且非核心的业务，可以考虑采取外包等方式经营。

表 7－1 中国石油化工集团公司的下属科研单位

科研单位		
石油化工科学研究院	石油工程技术研究院	北京化工研究院
抚顺石油化工研究院	石油勘探技术研究院	上海石油化工研究院
青岛安全工程研究院	科技开发有限公司	石油勘探开发研究院

资料来源：中国石油化工集团公司官方网站。

第五节 针对创新适度放松制度

国有企业向来给人死板的印象，主要是因为组织结构较为僵化，不适应于快速的社会变革。可以考虑的方式是借鉴案例中 NHK 的处理办法，政府从国有企业运营管理中逐渐退出，改用持股、董事会等方式对企业的发展方向进行调整和控制。当然对于我国国有企业来说无法一蹴而就达到 NHK 这样的完全政企分开，只能逐步分阶段退出。实际上 NHK 的政企分离也经历了多年。我国国有企业虽然现在不具备政企分离的条件，但可以对具有创新性的项目给予更加宽松的制度，更宽容、允许出错、改变或取消原有单一的非原则性的考核指标。也可以将创新纳入新的考核制度，给国有企业一定的创新压力。政府只需要掌握企业创新的整体方向即可。这样政府不但可以从繁杂的企业事务中抽身，更可以增加企业的自主性，激发国有企业的创新活力。

上海市政府在此方面的工作值得肯定。以上海机场集团为例，从 20 世纪 90 年代初期接手机场集团以来逐渐抽离了对企业具体事务的管理。以人事任免等手段把控了企业发展的大方向。在通过浦东机场新建、虹桥机场扩建等超大项目中不断打破固有的企业组织结构，使之更灵活、更适合发展。再以 2000 年跨世纪城市规划、奥运会、世博会等举世瞩目的大事件，给予机场集团以创新压力。上海机场必须不断发展创新才能跟得上城市前进的脚步，如今，上海机场集团已经是国际一流的机场企业。机场集团发展的主要政策因素就是政府从日常运营中剥离，再通过外部环境的变化迫使机场集团不断改变、不断抛弃原有的内部管理体系和制度。

第六节　政府采购方式提供创新资源

现有的广泛撒网的经费管理办法在大型国有企业中收效甚

微。一方面这样的方法并不能提供大量充足的资金用来支持创新项目的开发和推广，另一方面大型国有企业本身并不缺少用于创新发展的经费支持和预算。因此这些政府用于创新的额外经费应该投入更有效的渠道中。

可以考虑采用政府采购的方式获取创新资源，再将这些资源提供给所需要的各个国有企业的创新项目团队。比如，费用较高的3D打印设备、风阻实验设备甚至实验室、创新孵化器等可以由政府出资购买，再分享给各个公司的创新项目团队使用。采用共享模式的反复利用方法将大大提高创新资金的利用率。而且这些设施和设备所有权仍然在政府机构手中，这样便于未来资产重组。

除了设备以外政府还可以出资购买服务。以上海机场集团为例，购买咨询服务占到每年预算相当大的比例。而这种由咨询公司完成的知识服务很难累积在机场集团。长此以往，咨询公司掌握了机场多年的政策方向、数据和实施方案。机场集团反而更需要依靠这些咨询机构。而许多咨询机构都拥有外资的背景，这些累积的数据被外资掌握可能存在一些安全隐患。政府应该意识到一些国有企业知识管理能力的匮乏，在通过政策手段激励企业知识管理能力提升的同时，也需要通过知识购买等手段将行业知识、累积数据等关键信息掌握在政府可协调的范围内。以NHK为例，NHK在发展阶段并没有采用大量的外资咨询事务所，相反是与国内的顶尖大学展开深入合作。即使本国的大学掌握了这些信息，也不容易出现敏感信息贩卖、泄露等安全问题。我国还有一些大型国有企业依赖外资会计事务所进行审计和决策咨询，这样的做法其实有欠妥当。当然一些国有企业是为了海外融资、上市等原因才采取了这种做法。政府有义务提醒这些企业，外资的会计事务所虽然提供了各种便利，但绝不是长久之计。如果国有企业无法完善某些服务必须向第三方购买时，政府应该有一定的介入。

第七节　大型国有企业创新能力建设的未来发展与思考

通过本书的深入讨论可以看出，大型国有企业与政府之间有着千丝万缕的关系。有观点认为大型国有企业制度落后或者效率低下，依靠垄断市场才获得巨额利润，甚至认为国有企业应该被淘汰，并且不完全符合时代发展的需要，这种看法比较片面和偏激。实际上从全国甚至世界范围来看，许多大型国有企业是非常成功的，它们的表现可以大幅度优于私营企业。运营管理优秀的国有企业不仅对国家经济做出了贡献，还为公众提供了优质且廉价的社会服务。

一、协调国有企业与民营企业的关系

国有企业创新目标的本质就是提升对公众服务的品质和效率。在我国，因为历史发展等因素，国有企业的创新能力还没有被充分发挥。又因为政府机构与国有企业之间的复杂关系，政府对国有企业的创新支持还没有恰到好处地形成催化激励的作用。然而，如果用发展的眼光深入分析，可以发现国有企业在政府的有效支持下，创新潜力巨大，很有可能是我国经济发展的又一个引擎。

国有企业未来创新需要考虑到它特殊的企业性质。尽量避免与民营资本创新发生冲突，给民营资本留有足够的创新空间，从而进一步加快社会整体创新能力，加速经济发展。许多创新项目应该留给民营资本投入，比如近些年非常火爆的共享单车创新项目，政府和国有企业在其中处理得比较得当。试想这样的项目，政府可以非常轻易地以行政命令手段阻碍民营资本的运营，而改成某国有企业独占市场。实际上政府并没有这么做，而是采用了更加包容、更加鼓励的方法与民营企业一起寻求合理有效的市场管理办法。从中也能看出，政府对创新的包容性也在不断提升。类似的民营创新项目也在中国大地上蓬勃发展，比如互联网民宿、众筹、专车等。这些项目创始之初缺少相关规定甚至是法律依据，而政府的创新包容使市场逐渐规范，形成了行业守则，市场更趋于成熟。相反，如果对民营资本创新采取“一刀切”，后者与民营资本争利等，则无法真正推进社会创新发展，背离了“万众创新”的方向。

除了留给民营资本足够的创新发展空间以外，国有企业创新应该发挥国有企业的优势，整合多方资源。利用政府的协调优势攻克那些有难度、有挑战的创新项目，通过大的创新项目累积经验和知识。本书中已经讨论了政府可以发挥其跨行业管理的优势，为各类国有企业创新匹配资源，从更大、更广阔的范围考虑主导创新的方向。

二、国有企业的行业地位

我国国有企业一般在行业中处于两种境地。第一种企业是通常所说的具有垄断权利。这种垄断权利可以用迈克尔·波特的“五力模型”来解释。我国的国有企业垄断分成供应权利（Supplier Bargaining Power）和购买权利（Buyer Bargaining Power）。也就是说，国有企业在行业或者特定地区已经形成了绝对的定价权。这个行业的发展取决于该国有企业的发展，并非由市场决定。对于这种类型的企业，政府应该考虑逐渐放开民营资本准入条件，引入市场机制激发行业的活跃性。对于没有条件放开的行业，政府应关注国有企业经营策略和行为，避免出现垄断带来的恶果。第二种企业是在一个相对开放的市场中国有企业同其他性质的企业一起展开充分的市场竞争，我国的医药类国有企业就是典型的第二类。

无论市场是否放开，政府对国有企业盈利和预算应当有所约束。以医药类国有企业为例，政府作为平台不仅在政策上提供偏向，还帮助企业开拓医院诊所等市场渠道。然而国有企业的药品价格并没有绝对的优势，这导致了无论是国有企业还是民企、外企，药品价格相差并不大。但由于国有企业的优势，相同药物的利润反而高于其他企业，比如曾经有媒体曝光哈药六厂金碧辉煌的豪华凡尔赛装修风格的办公楼。对于这种情况，政府应该主动干预，调整预算或者定价。使国有企业的产品成为行业的标杆，这样做不仅让公众分享了国有企业改革创新带来的红利，同时也可以从产品的角度树立起行业的准入标准，从而杜绝投机的民企或外资扰乱市场。

三、政府的发展眼光

虽然我国市场整体已经脱离了计划经济，然而从国家体制来看不会走向完全的不受任何束缚的市场经济体制。因此政府对中国的市场经济仍然会保留一定的控制权。自由经济并不代表繁荣的市场，相反适度干预的市场也不能代表落后。实际上全世界几乎没有哪个国家的经济是完全离开政府约束的。因此，市场的规划和经济的发展也在考验各国政府的管理能力。我国的国有企业恰恰是非常有效的市场管理和经济调控的执行途径，这是我国的优势所在。

国有企业实际上是各级政府了解市场的触角。使我国政府有更加敏锐的洞察力和更加清晰的经济全局观。因此各级政府应该深入学习创新所带来的利益，用发展的、长远的眼光对待创新，用未来的愿景引导国有企业创新，用大局观念控制国有企业创新。

从全球范围来看，原有的经济模式整体低迷，此时政府的长期战略眼光决定了国家创新发展的方向，也决定了未来国家经济的走向。我国政府上层已经将创新发展定位为“十三五”战略规划。中层和下层的政府机构需要深刻理解创新对未来发展的重要性，用发展的眼光看待创新，学习中央对于创新的精神。国有企业也应当理解创新不仅是新产品、新服务开发，以及技术的升级和流程的优化，也是关系到未来经济发展的重要一步。政府也应该严肃对创新项目的认识，提高对创新项目的理解和包容，并给予更多的支持。

本章小结

国有企业创新能力不足，尤其是长期内部创新乏力，其责任往往并不仅仅在于企业本身。我国的国有企业运营目的有一定的特殊性，许多成熟的创新管理理论在国有企业中并不奏效。在国有企业创新的问题上，政府起着非常重要的作用。本章梳理了案例分析得到的经验，为政府激励国有企业创新提出了一些建议。这些改进措施实际上已经在类似的企业中得到了一定程度的实施，因此风险相对较小。现行的政府资金补贴模式并不是有效的措施，政府有责任将资金、保护政策等措施转化为对国有企业创新能力建设更有利的资源。这种共享资源不但可以为某一个国有企业提供有效的支持，更可以激励整个行业和地区的整体创新发展。

本章还对国有企业未来创新发展进行了展望。国有企业在我国具有一定的特殊性，创新发展不能照搬西方科技公司的模式。未来国有企业创新的发展应该放在重要的位置，国有企业的效率提升将推动整个社会和国家经济的发展。政府绝不能将创新责任推向企业，而应该为国有企业创新提供有益的、可持续的发展条件。国有企业更应该发挥本身所有制的优势，配合政府完善政策，推动创新不断前进，向公众和社会输送创新所带来的利益。同时政府应该更具有发展眼光，发挥自身资源调动优势为国有企业创新提供平台，也为创新失败提供良好的风险保障体系。

第八章　结语

本书探讨了国有企业创新能力的构建与政府对国有企业创新支持的有效性。本书先从政策层面分析了我国“十三五”创新发展战略的重要性。此次创新发展是我国缩小与发达国家差距的重要机会，也是我国提升整体产业结构的机遇。同时，本书从现有的文献着手，分析了创新发展、政府支持等关键内容。通过对文献的梳理不仅厘清了国有企业创新发展与政府支持的重要关系，更明确了后续研究的方向和具体研究方法。

笔者从大量文献中归纳出现阶段国有企业创新的主要壁垒，包括组织架构与人事制度、盈利性与非盈利性的矛盾、业绩考核方法老旧等。同时还分析了现行政府支持方法的缺陷，并指出了现有支持方法效率低下的根本原因。为了对这些问题有更深入、更本质的理解，笔者首先以改革开放为时间轴分析了我国政府创新支持的历史阶段和主要方法。然后又结合现今复杂的经济发展形式分析传统创新支持方法失效和效率低下的主要原因。

笔者从上海机场集团入手，设计了半结构化访谈的研究方法，通过对访谈结果的编码和归纳，总结出国有企业在创新项目执行过程中遇到的八个主要问题因素，如业务流程、外部联系、信息沟通、顶层支持等。从表面上来看这些因素停留在国有企业内部的执行过程中，而实际上这些因素很难依靠企业本身彻底解决，必须借助更强势的外力才能改变。因此，本书指出了政府应通过创新支持手段，清除国有企业创新能力发展的壁垒。

为了得到更有效的政府支持手段，本书分析了国内外三个案例，即日本放送协会 NHK、英国皇家邮政局集团公司和中国石油化工集团公司。通过分析这三家公司的创新能力和政府支持，总结了提高政府创新支持有效性的经验和教训，比如政府与企业划清职责界限、营造创新包容性的环境、加强国际合作、争取高层支持等。这些值得借鉴的经验直指先前章节中通过访谈分析得到的国有企业创新难点。这些宝贵的经验不仅对国有企业创新途径提供了清晰的参考，更为政府改进创新支持手段提供了新的可操作的方法。

本书梳理了创新相关理论和调研案例所总结的经验，进而归纳出现阶段我国政府创新支持的发展和改良对策。其中一些对策对中国政府和大型国有企业十分适用，比如指出了创新项目数量与创新能力之间不存在必然的联系，更不应用创新项目的数量衡量企业和政府创新管理的能力。再有我国的一些国有企业存在严重的知识管理能力不足的现象，通常采用知识工作外包的办法解决问题。本书在此指出知识外包绝非长久之计，政府可以通过第三方采购、平台建设等方法逐渐改变这一状况，这不仅强化了国有企业创新能力的建设，更为创新的成败保留经验和知识，提升了企业知识管理的水平。

参考文献

[1] Adner, R. and D. Levinthal (2001). "Demand heterogeneity and technology evolution: Implications for product and process innovation." *Management Science*, 47 (5): 611 – 628.

[2] Alves, J., et al. (2007). "Creativity and innovation through multidisciplinary and multisectoral cooperation." *Creativity and Innovation Management*, 16 (1): 27 – 34.

[3] Banerjee, S. (2012). "Power distance: A deterrent or a facilitator for innovation." *International Journal of Business Excellence*, 5 (6): 677 – 705.

[4] Birtch, T. A., et al. (2016). "A social exchange theory framework for understanding the job characteristics – job outcomes relationship: The mediating role of psychological contract fulfillment." *International Journal of Human Resource Management*, 27 (11): 1217 – 1236.

[5] Bowen, E. C. (2004). *Organizational structure and the creative process*, University of San Diego.

[6] Cavusgil, S. T., et al. (2003). "Tacit knowledge transfer and firm innovation capability." *Journal of Business & Industrial Marketing*, 18 (1): 6–21.

[7] Crossan, M. M. and M. Apaydin (2010). "A multi-dimensional framework of organizational innovation: A systematic review of the literature." *Journal of Management Studies*, 47 (6): 1154–1191.

[8] Cunningham, S. (2013). "Hidden innovation: Policy, industry and the creative sector." *European Journal of Communication*, 29 (3): 371–373.

[9] Cuthbertson, R., et al. (2015). *Kodak and Xerox: How high risk aversion kills companies*, Palgrave Macmillan UK.

[10] Edquist, C. and J. M. Zabala-iturriagagoitia (2012). "Public procurement for innovation as mission-oriented innovation policy." *Research Policy*, 41 (10): 1757–1769.

[11] Jin, Z., et al. (2015). "Measuring the effects of mergers and acquisitions on the economic performance of real estate developers." *International Journal of Strategic Property Management*, 19 (4): 358–367.

[12] Lin, C. H. V., et al. (2015). "Opening the black -

box between HRM and firm innovation: The moderating effect of power distance." *Academy of Management Annual Meeting Proceedings*, 2015 (1): 11846.

[13] Lundvall, B. A. (1992). "National systems of innovation: Towards a theory of innovation and interactive learning." *Research Policy*, 7 (4): 318 – 330.

[14] Mahmoud – Jouini, S. B., et al. (2016). "Contributions of design thinking to project management in an innovation context." *Project Management Journal*, 47 (2): 144 – 156.

[15] Porter, M. (2008). "The five competitive forces that shape strategy." *Harvard Business Review*, 86 (1): 78.

[16] Mohnen, P. and L. H. Röller(2005). "Complementarities in innovation policy." *European Economic Review*, 49(6): 1431 – 1450.

[17] Moore, G. C. and I. Benbasat (1991). "Development of an instrument to measure the perceptions of adopting an information technology innovation." *Information Systems Research*, 2 (3): 192 – 222.

[18] Oldham, G. R. and A. Cummings (1996). "Employee creativity: Personal and contextual factors at work." *Academy of Management Journal*, 39 (3): 607 – 634.

[19] Olson, J. M. and M. P. Zanna (2003). "Attitudes

and attitude change." *Annual Review of Psychology*, 44 (1): 479 - 523.

[20] Perdomo - Ortiz, J., et al. (2006). "Total quality management as a forerunner of business innovation capability." *Technovation*, 26 (10): 1170 - 1185.

[21] Scandura, T. A. and E. A. Williams (2000). "Research methodology in management: Current practises, trends, and implications for future research." *Academy of Management Journal*, 43 (6): 1248 - 1264.

[22] Thrane, S., et al. (2010). "Innovative path dependence: Making sense of product and service innovation in path dependent innovation processes." *Research Policy*, 39 (7): 932 - 944.

[23] Wicker, A. W. (1969). "Attitudes versus actions: The relationship of verbal and overt behavioral responses to attitude objects." *Journal of Social Issues*, 25 (4): 41 - 78.

[24] Woodman, R. W., et al. (1993). "Toward a theory of organizational creativity." *Academy of Management Review*, 18 (2): 293 - 321.

[25] Wu, X., et al. (2016). "Cross - border mergers and acquisitions by Chinese firms: Value creation or value destruction?" *Journal of Contemporary China*, 25 (97): 130 - 145.

［26］白景美等：《试析战后日本技术创新政策演变的特点及启示》，《科学管理研究》2007 年第 2 期，第 117 – 120 页。

［27］陈建武、张向前：《我国“十三五”期间科技人才创新驱动保障机制研究》，《科技进步与对策》2015 年第 10 期，第 138 – 144 页。

［28］陈劲：《“十三五”的创新政策展望》，《科学与管理》2015 年第 1 期，第 3 – 6 页。

［29］丁浩等：《国外商业模式创新途径研究述评》，《经济问题探索》2013 年第 9 期，第 163 – 169 页。

［30］董岗、傅铅生：《关于企业创新能力的评价模型研究》，《商业研究》2004 年第 9 期，第 33 – 36 页。

［31］杜斌：《大同煤矿集团公司发展历程研究》，《华北金融》2006 年第 2 期，第 59 – 61 页。

［32］杜海燕、郭晋刚：《国有企业的自主权、市场结构和激励制度：403 家国有企业调查分析总报告》，《经济研究》1990 年第 1 期，第 3 – 14 页。

［33］付蓉蓉、于克信：《战略变革视角下的国有企业改革历史演进与未来前景》，《商》2013 年第 4 期，第 51 页。

［34］郝建青、张仲义：《人工智能技术应用于铁路编组站信息管理的总体方案设计》，《系统工程》1999 年第 1 期，第 35 – 40 页。

［35］侯传绪：《如何开发新产品》，《机械设计》1990 年第

2 期，第 4 –6 页。

［36］黄群慧：《新时期国有企业的使命与国有企业领导人的薪酬制度》，《经济与管理研究》2008 年第 1 期，第 21 –25 页。

［37］贾智莲、孔春梅：《公共服务供给机制创新研究——兼评事业单位改革》，《中国行政管理》2009 年第 4 期，第 77 –81 页。

［38］江诗松等：《转型经济中后发企业的创新能力追赶路径：国有企业和民营企业的双城故事》，《管理世界》2011 年第 12 期，第 96 –115 页。

［39］教军章：《中国行政学研究整体系统化的理论尝试——评〈行政学〉》，《中国行政管理》1999 年第 6 期。

［40］李发福：《从项目预算的全过程看我国科研项目管理中存在的弊端》，《科学学与科学技术管理》2008 年第 7 期，第 59 –62 页。

［41］李景明等：《中国新能源资源潜力及前景展望》，《天然气工业》2008 年第 1 期，第 149 –153 页。

［42］李俊：《转变经济发展方式与中国国有企业的历史责任》，《理论导刊》2015 年第 1 期，第 59 –64 页。

［43］李烈满：《建国以来国有企业领导体制沿革与党的建设的回顾与思考》，《党史研究与教学》1998 年第 5 期，第 39 –45 页。

［44］李林：《企业技术创新的内容、步骤和方法》，《科学学与科学技术管理》1989 年第 8 期，第 24 –26 页。

［45］廖理、姜彦福：《国有企业的技术创新、组织创新与制度创新》，《技术经济》1996 年第 9 期，第 33 –35 页。

［46］龙静等：《政府支持行为对中小企业创新绩效的影响——服务性中介机构的作用》，《科学学研究》2012 年第 5 期，第 782 –792 页。

［47］马骏、侯一麟：《中国省级预算中的非正式制度：一个交易费用理论框架》，《经济研究》2004 年第 10 期，第 14 –23 页。

［48］马戎：《中国国有企业体制改革与社会结构变迁》，《西北民族研究》2000 年第 1 期，第 16 –40 页。

［49］孟庆伟、安会茹：《企业技术创新能力的系统结构》，《科技管理研究》2000 年第 2 期，第 27 –28 页。

［50］乔明哲、刘福成：《基于性质与功能的我国国有企业社会责任研究》，《华东经济管理》2010 年第 3 期，第 86 –90 页。

［51］史本叶、李俊江：《提高国有企业创新能力：基于国家创新体系的视角》，《经济社会体制比较》2010 年第 6 期，第 182 –188 页。

［52］王安民：《代理经营责任制与国有企业体制改革》，《中国工业经济》1996 年第 9 期，第 43 –46 页。

［53］王宝毅、张宝生：《选择性反向工程战略——增强我国科技创新能力的战略选择》，《科学学研究》2006 年第 6 期，第 971 –973 页。

[54] 王蕾、顾孟迪：《科技创新的保险支持模式——基于上海市的调研分析》，《科技进步与对策》2014 年第 1 期，第 23 - 26 页。

[55] 王文成、王诗卉：《中国国有企业社会责任与企业绩效相关性研究》，《中国软科学》2014 年第 8 期，第 131 - 137 页。

[56] 王苑丞、田萌：《日本电通新媒体广告设计的策略——基于 2004—2013 年国际大奖作品》，《装饰》2016 年第 4 期，第 78 - 81 页。

[57] 王兆华、武春友：《基于交易费用理论的生态工业园中企业共生机理研究》，《科学学与科学技术管理》2002 年第 8 期，第 9 - 13 页。

[58] 王志涛：《虚拟企业：一种基于交易成本理论的分析》，《南开管理评论》2004 年第 6 期，第 84 - 88 页。

[59] 韦江宏：《中国铜冶炼企业的竞争趋势及对策建议》，《世界有色金属》2003 年第 4 期，第 10 - 14 页。

[60] 文宗瑜：《国有企业并购十字路口：是进，还是退?》，《清华金融评论》2015 年第 11 期，第 31 - 33 页。

[61] 徐顽强、刘毅：《高科技园区创新平台的运行过程分析》，《管理学报》2005 年第 2 期，第 235 - 238 页。

[62] 许桂娟等：《国有企业政企分开辨析》，《当代经济研究》2001 年第 7 期，第 44 - 46 页。

[63] 严北战：《入世对政府支持技术创新政策、方式与行为

的影响分析》,《科技进步与对策》2003 年第 10 期。

[64] 杨宏进:《企业技术创新能力评价指标的实证分析》,《统计研究》1998 年第 1 期,第 53 - 58 页。

[65] 杨建顺:《公共选择理论与司法权的界限》,《法学论坛》2003 年第 3 期,第 11 - 19 页。

[66] 叶汉雄、吴湘玲:《事业单位改革中的配套制度创新》,《科技进步与对策》2002 年第 10 期 ,第 112 - 113 页。

[67] 叶明:《要重视技术创新能力的引进》,《科技进步与对策》1988 年第 5 期,第 8 - 9 页。

[68] 余丹丹:《韦伯官僚制在中国转型时期的运用及其完善》,《行政论坛》2006 年第 4 期,第 22 - 24 页。

[69] 余泳泽:《创新要素集聚、政府支持与科技创新效率——基于省域数据的空间面板计量分析》,《经济评论》2011 年第 2 期,第 93 - 101 页。

[70] 张风华、方来坛:《中国国有企业跨国并购的战略反思》,《科技创新导报》2009 年第 25 期,第 238 页。

[71] 张光明、徐飞:《全面质量管理与企业创新能力、竞争优势的关系——基于资源和动态能力视角》,《科技管理研究》2017 年第 2 期,第 39 - 45 页。

[72] 张军:《运用 TIM 提高中小企业创新能力的战略途径》,《管理工程学报》2009 年第 1 期,第 65 - 70 页。

[73] 张留禄:《对国有企业政企分开的重新审视》,《上海

经济研究》1997 年第 4 期，第 42 – 45 页。

［74］赵琛徽：《“创新”我国人才创新能力建设》，《中南财经政法大学学报》2005 年第 1 期，第 65 – 69 页。

［75］赵惠芳：《国有企业技术创新机制》，科学出版社 2004 年版。

［76］甄峰等：《区域创新能力评价指标体系研究》，《科学管理研究》2000 年第 6 期，第 5 – 8 页。

［77］邹永贤：《儒家德治思想再析》，《政治学研究》2002 年第 1 期，第 60 – 66 页。